コリントの信徒への手紙二
講解〔下〕6–13章

袴田康裕［著］

教文館

目次

あとがき……281

六章一―二節

神の恵みを無駄にしない

わたしたちはまた、神の協力者としてあなたがたに勧めます。神からいただいた恵みを無駄にしてはいけません。なぜなら、

「恵みの時に、わたしはあなたの願いを聞き入れた。

救いの日に、わたしはあなたを助けた」

と神は言っておられるからです。今や、恵みの時、今こそ、救いの日。


パウロは五章一一節から神の和解と、その和解の使者としての自分の任務について語ってきました。神の和解について述べたパウロは、六章一節でこう述べています。

「わたしたちはまた、神の協力者としてあなたがたに勧めます」。

パウロはここで自分たちのことを「神の協力者」と言っています。これはかなり大胆な表現だと言えます。パウロはなぜ、自分たちのことを「神の協力者」と呼んだのでしょうか。

それは決して、パウロが自らのことを権威づけようとしたのではありません。「私は神の協力者なのだから、私の言うことに反抗せずに従いなさい。私の言うことをそのまま、神の御心として受け入れなさい」という意味で、自らの権威づけのためにこの言葉を使っているのではありません。

パウロは五章一八節で、すべてのことが神から出ると明言しました。すべては神から始まり、神に

よって成るのです。ですから人は誰も、神を助けるような「神の協力者」にはなれません。神の不十分な点を補うような、神への協力ができるということはありません。

「すべては神から出る」のです。つまり神の御業は十分なものです。和解の御業も一〇〇％神の御業です。パウロはそのことが十分に分かっています。その上で、神があえて奉仕者を用いてくださいます。神の尊い業にあずからせてくださるのです。

それが「神の協力者」の意味です。パウロは一八節で、和解の業は神の御業であると言いつつ、その神が「和解のために奉仕する任務をわたしたちにお授けになりました」と述べました。和解のために必要な業は、すべて主イエスが成し遂げてくださいました。その和解のメッセージ、福音を宣べ伝えるために、神は奉仕者を召して用いてくださるのです。

五章一九節にも「和解の言葉をわたしたちにゆだねられた」とあります。和解を宣べ伝える手段は、何より言葉です。メッセージ、すなわち説教です。神が成し遂げてくださった和解のメッセージを、人々に伝えるために、働き人を召し出してくださいます。

さらに二〇節前半には「ですから、神がわたしたちを通して勧めておられるので、わたしたちはキリストの使者の務めを果たしています」とあります。「キリストの使者」は、「キリストの代わりの使者」と訳すべきところです。使者という言葉は、政治的な領域で言えばいわば「国を代表する大使」を意味します。ローマ帝国から派遣された地方総督が、皇帝の全権大使であったように、パウロは、自分たちはキリストのために、キリストに代わって派遣された全権大使だと言っています。

パウロ自身に、和解を成立させる力や権威があるのではありません。権威も力もそれはすべて神だけに帰属します。しかし神は、人を召し出して、いわばキリストの代理として用いてくださいます。キリストご自身が、召された働き人の背後にあって、その人を通して語りかけ、働いてくださるのです。

使徒とは、特別な意味でそういう働き人でした。しかしこれは使徒だけに当てはまることではないでしょう。「すべては神から出ること」ですから、神はご自身の御業をすべてご自身の御力でなさいます。しかしその時に、人を用いてくださるのです。

その働きのために人を召し出して、奉仕者としてくださいます。キリストの代理人であるような働きをさせてくださいます。これほどに、名誉なことはありません。ですからパウロは、誇りと自負を持って自分たちのことを「神の協力者」だと言っているのです。

これは自分たちを権威づけるための表現ではなく、神が召して用いてくださったことに感謝して、それを誇りを持って受け止めている表現だと言えます。召された自分を誇るのではなくて、召してくださった神を誇りにしている表現なのです。

ではそのような神の協力者であるパウロは、コリントの信徒たちに何を勧めたのでしょうか。「神からいただいた恵みを無駄にしてはいけません」（一節）。神からいただいた恵みを無駄にしてはいけない。これがパウロの勧告でした。では、「神からいただいた恵みを無駄にする」とはどういうことなのでしょうか。

「神からいただいた恵み」とは、文脈からも明らかなように、「神との和解によって与えられる恵み」を指します。神がキリストを通して成し遂げ、福音によって提供してくださった恵みです。

それを無駄にする。直訳すれば「いたずらに受ける」「むなしく受ける」ということです。この「神の恵みを無駄にする」「神の恵みをいたずらに受ける」の意味として、二つの面を考えることができます。

第一は、「神の恵みを無駄にする」とは、神の和解の恩恵を受けても、実を結ばない生き方をしていることです。神との和解を得ても、それまでの罪の生活、偶像礼拝の生活を止めないことです。そうであれば、神の恵みはまさに無駄になります。

神の恵みを受けても、その人の生き方が何も変わらないのです。神の恵みを安っぽいものとして受けるのです。自分を主人とした生き方を変えないままで、都合よく神の恵みを受けるのです。

神との和解は、神との関係の正常化を意味します。私たちは、神によって創造された者であり、本来神に従うべき存在です。それゆえ、神を主人として生きることが、神との正常な関係であり、健やかな関係です。

しかしこの神を主人とするという面が抜け落ちて、ただ罪の赦しだけをいただこうとするならどうでしょうか。永遠の命だけをいただこうとするならどうでしょうか。これが神の恵みを、自分の都合の良いように安っぽく受けることです。

しかしこれが、自らのすべてを捧げて和解への道を開いてくださったイエス・キリストに対して、本当に傲慢で失礼な態度であることは言うまでもありません。キリストの恵みを、自分の都合の良いように利用しているのです。

コリントの信徒には、そのような傾向があったようです。知的には受け入れても、行動が伴わない。キリストの恵みを受けたにもかかわらず、それが生活に結びつかない傾向がありました。パウロの「神からいただいた恵みを無駄にしてはいけません」との命令の背後には、そういう事情があったのでしょう。パウロは、コリントの信徒たちが神の恵みを無駄にしてしまうことを恐れていました。

教会は繰り返して「神の恵み」を語っています。主の日の礼拝の中で、「神の恵み」が語られない日はないでしょう。そして教会の礼拝に集まってくる人たちは、いつもこの「神の恵み」を求めている、と言ってもよいでしょう。

しかし、神の恵みが語られ、聞かれているからといって、いつもそれが、聞く人々の心に届いている、また実を結ぶようになっているとは言えません。もちろん、神の恵みを語る側にも問われることがあります。どれだけ神の恵みが分かってそれを伝えているか、それが語る側には常に問われます。

しかし同時に、聞く側にも問われることがあります。どういう聞き方をしているかが問われます。実際に、一時は聞いて受け取ったはずの恵みが、よく分からなくなるということもあるでしょう。また、恵みを恵みとして捉えられなくなることが起こるかもしれません。聞いても聞いても、生活の力にならないということも起こります。

ですから、神の恵みを無駄にするというのは、実際に起こりうることです。自分自身の中でも、また、教会でも起こります。ですからパウロは、改めてこの勧告をするのです。

この勧告が必要なのは、人間の側の受け入れの姿勢のゆえに、恵みが無駄になってしまうことがあるからです。ですからパウロは、同じ種類の勧告を、手紙の中で繰り返しているのです。

「神からいただいた恵みを無駄にする」。そのもう一つの側面は、神との和解を観念として受け取ってしまい、神との交わり、イエス・キリストとの交わりに生きることがないことです。

神の恵みの中心は、言うまでもなく罪の赦しです。罪を赦され、神の子として受け入れられることです。罪を赦されること、すなわち義認は、イエス・キリストと結ばれた時に起こります。しかし、神の恵みは、それで終わりではありません。むしろ、そこから始まると言えます。神との新しい関係が結ばれました。そこから神との新しい関係に生きることが始まります。

私たちが神の子どもであるのは、単なる観念ではありません。確かに私たちが神の子どもであるのは、法的な地位、立場のことでもありますが、それだけではありません。私たちを神の子としてくださった神は、私たちが神の子らしく生きることを望んでおられます。

神の子には本当の自由が与えられています。罪からの自由、律法の呪いからの自由、死からの自由、永遠の裁きからの自由です。そして神の子は、神に愛されている子として、大胆に恵みの御座に近づいて、神を「父よ」と呼べる特権を与えられています。

神は私たちを、子どもとして見てくださいます。それゆえ、私たちの不十分な行いさえも、自分の子どもが精一杯したこととして喜んでくださいます。ですから私たちは、神の子として、安心して、素直に生きることができます。そのような私たちの姿を、父である神は喜んでくださるのです。

神の子であることを、単なる観念にとどめるのでなく、実質的に、神の子として生きること、子として父なる神との交わりに生きること、それが大切です。観念にとどまる信仰は、実質が乏しいために、観念のレベルでいろいろ理屈をこねる傾向が強くなります。神が愛しておられるのになぜこういうことが起こるのか、などと考えます。いろいろなことを持ち出しては、自分勝手な判断をして、自分は神の恵みにふさわしくないとか、神は本当に自分を愛しておられるのかなどと考えます。理屈をこね回しては自分の側から神の恵みを拒んでしまうことがあるかもしれません。

幼い子どもたちは、理屈なしで親のもとに帰ろうとします。つらい時、悲しい時、とにかく親のもとに行って、抱きしめてもらおうとします。それと同じように、私たちも神のもとに帰ることができるのです。そして神は、その私たちを受け止めてくださいます。それが子どもであるということです。幼い子どもたちは、自分はこの親の子にふさわしいかどうかなどとは考えません。自分は、親に愛されているかなどとは考えません。素直に親のもとに帰ります。失敗しても、やはり親のもとに帰ります。そして赦してもらって、元気になります。

同じように私たちも、失敗しても、罪を犯しても、父である神のもとに帰ることができます。御子イエスを与えるほどに愛してくださった神は、まっすぐに自らのもとに帰ってくる者を、いつも赦して受け入れてくださいます。

ですから、自分で勝手に判断して、神はきっと赦してくださらないとか、愛してくださらないなどと考えてはなりません。神の御前に理屈をこねて、素直さを失う時に、神の恵みを無駄にすることが起こるのです。自分に固執することによって、神の恵みを無駄にしてはなりません。

パウロは続く二節で、自らの訴えを補強するために旧約聖書の御言葉を引用しています。

「恵みの時に、わたしはあなたの願いを聞き入れた。救いの日に、わたしはあなたを助けた」。

これはイザヤ書四九章八節の引用です。イザヤ書の文脈では、バビロン捕囚からのイスラエルの民の解放が、「恵みの時」「救いの日」と言われています。パウロはその文脈から離れて、捕囚からの帰還にはるかに勝る、神との和解が実現した今を、「恵みの時」「救いの日」と言っています。それを強調するために、旧約聖書の御言葉を引用しているのです。

「恵みの時」と訳されている言葉は、直訳すれば「ふさわしい時」となります。神はふさわしい時に、イスラエルの民をバビロン捕囚から帰還させました。同じように、ふさわしい時に、神との和解の道を開かれたのです。

このように、神はご自身の恵みを表すために、ある一定の時を定められるお方です。したがって、すべての時が、ふさわしい時ではありません。神が特定の救いの時を決められたのですから、救いの道はいつまでも開かれているわけではありません。

パウロはイザヤ書を引用した後にこう述べています。

「今や、恵みの時、今こそ、救いの日」。

パウロは今が、その「恵みの時、救いの日」であると宣言しています。今こそ、この恵みを受けるべき時だと言うのです。

ヘブライ人への手紙の冒頭にはこうあります。

「神は、かつて預言者たちによって、多くのかたちで、また多くのしかたで先祖に語られたが、この終わりの時代には、御子によってわたしたちに語られました」（一・一）。

神は旧約の時代、多くのかたちで、多くのしかたで、ご自身を表し、救いの約束を告げられました。そして、救い主がやがて来られるという約束を告げられました。そして時が来て、その救い主が来られました。この御子によって、神は決定的にお語りになられ、決定的な恵みが提供されたのです。

ですから旧約時代は、救い主を待つ時代でした。しかし今はそうではありません。約束の主が来られたのです。ですからこの差し出された恵みを受けることが、唯一の道です。今は待つ時ではなくて、決断の時です。これ以上待っても、何も来ないのです。

ガラテヤの信徒への手紙四章にもこうあります。

「しかし、時が満ちると、神は、その御子を女から、しかも律法の下に生まれた者としてお遣わしになりました。それは、律法の支配下にある者を贖い出して、わたしたちを神の子となさるためでした」（四、五節）。

パウロはここで、時が満ちて、神は御子をお遣わしになったと述べています。「時が満ちた」とは、神があらかじめ約束しておられた時が来たということです。主イエスが来られて、神との和解のための御業がなされました。そして神の恵みが圧倒的な現実としてあふれ出す時代が始まったのです。

それが今だと、パウロは語ります。「今や、恵みの時、今こそ、救いの日」なのです。既に救い主は来られました。贖いの御業は完成しました。ですから、今はまさに「救いの日」です。神の恵みは、いつも手の届くところにあるのです。

しかし、この開かれた救いの日が、永遠に続くわけではありません。それはキリストの再臨の日までです。それがいつであるかは分かりません。イエス・キリストの福音が宣べ伝えられている時が、神の国への入り口が開かれている時です。福音が語られて、主イエスのもとに招かれている時が、救いを得させる機会なのです。

しかしそれには、終わりがあります。扉が閉ざされる時が来ます。ですからパウロは、この「恵みの時、救いの日」に、キリストのもとに来なさい、と訴えているのです。

「神からいただいた恵みを無駄にしてはいけません」と、パウロは勧告しました。神の恵みを無駄にしないとは、何よりも、神の時を見逃さないということです。今、神の御前に問われていることがあるならば、今、決心しなければならないことがあるならば、それを先延ばししない。先延ばしによって、神の恵みを、無にしてしまうことが起こるのです。

神は、イエス・キリストを通して、私たちのために必要なすべてのことを成し遂げてくださいました。測ることのできないような大きな犠牲を払ってくださいました。そして今、これを受け入れて、神の恵みに入るように、神は私たちに求めておられます。

またこれまで、どこか本気で主イエスを信頼しきっていなかった人に、神の子どもとしての平安と喜びの中に生きるようにと、神の子どもとしての実質の中に入るようにと、神は招いていてくださいます。

「救いの日」とは、神が熱い思いを持って、私たちを招いてくださっている時です。私たちを待っていてくださる時です。この神の招きに答えるならば、神は圧倒的な恵みで私たちを満たしてくださいます。

この時を見過ごしてはなりません。今はまさに恵みの時、今こそ、救いの日なのです。

六章三―一〇節

教会の働き人

わたしたちはこの奉仕の務めが非難されないように、どんな事にも人に罪の機会を与えず、あらゆる場合に神に仕える者としてその実を示しています。大いなる忍耐をもって、苦難、欠乏、行き詰まり、鞭打ち、監禁、暴動、労苦、不眠、飢餓においても、純真、知識、寛容、親切、聖霊、偽りのない愛、真理の言葉、神の力によってそうしています。左右の手に義の武器を持ち、栄誉を受けるときも、辱めを受けるときも、悪評を浴びるときも、好評を博するときにもそうしているのです。わたしたちは人を欺いているようでいて、誠実であり、人に知られていないようでいて、よく知られ、死にかかっているようで、このように生きており、罰せられているようで、殺されてはおらず、悲しんでいるようで、常に喜び、物乞いのようで、多くの人を富ませ、無一物のようで、すべてのものを所有しています。

三節からパウロは、自分が神に仕える者として、どのように伝道しているかを語ります。この手紙には、このような自己弁明と言える部分がところどころにあるのですが、それは、パウロの使徒職とその働きに対する非難があったからです。そこでパウロは、自分がどのような姿勢で伝道しているか、その務めに対する自覚と誇りを述べます。三節にはこうあります。

「わたしたちはこの奉仕の務めが非難されないように、どんな事にも人に罪の機会を与えず」。パウロは福音を宣べ伝える者として、まず、二つのことに心を留めていたことが分かります。第一は「どんな事にも人に罪の機会を与えない」ようにしていたことです。

「罪の機会を与えない」は、「躓きを与えない」と訳すことができます。パウロは、いかなることにおいても、いかなる躓きの機会も与えないようにしていました。そのように心がけていたのです。パウロは福音を宣べ伝える者として、自分の過失によって、人に躓きを与えることをとても恐れていました。福音にはそれ自体に躓きがあります。この世の理性的判断からすれば、受け入れがたい面があります。二〇〇〇年前に十字架の上に殺された人を、真の救い主と信じるのですから、そこに躓きがあるのは避けられません。また、イエス・キリストを信じることは、自分のこれまで生き方を否定して、新しく生き始める大きな人生の転換を意味しますから、それに対する強い抵抗が生じるのも避けられません。それは、福音そのものに付随する躓きです。それは避けられません。

しかしそれ以外の躓きは、避けなくてはなりません。パウロは自分が躓きとなることを恐れていました。自分のゆえに、イエス・キリストの福音など信頼できないと思われることを恐れていました。自分が福音の躓きにならないこと、それが、彼が心がけていた第一の点です。

第二の点は、「この奉仕の務めが非難されないように」心がけていたことです。「非難される」とは「馬鹿にされる」「そしりを招く」とも訳すことができます。「この務めが馬鹿にされないようにする」、それが彼の宣教者としての基本姿勢でありました。

「務め」とは、神の和解を宣べ伝える務めです。伝道者の任務です。それが馬鹿にされてはいけません。ここで大切なのは、馬鹿にされてはいけないのは「務め」だと言われていることです。パウロは「伝道者としての自分」が馬鹿にされてはいけないとは言っていません。私たちが通常我慢できないのは、自分が馬鹿にされることです。私たちはいつも「自分」のことが気になります。自分の評価が気になります。しかし、パウロはそうではありません。パウロが気にしていたのは、自分のことではなくて、「和解の福音を宣べ伝える務め」のことでした。自分が非難されるのは良いのです。しかし、務めが馬鹿にされてはならないのです。

伝道者が自分の評価を第一に考えていたら、伝道は進みません。自分の評価に一喜一憂していたり、馬鹿にされたと怒っていたら、福音を宣べ伝えることはできません。それは伝道者だけでなく、福音を宣べ伝える者に基本的に求められることだと言えます。

パウロは、自分が伝道の躓きにならないことを第一に考えました。ですから、他者からの自分の評価には囚われませんでした。それに囚われて反応していれば、さまざまな軋轢が生まれるでありましょう。教会の中で対立が生まれるでありましょう。そうなれば、教会で躓くことが起こります。

パウロが戦ったのは、あくまでも福音のためでした。自分が馬鹿にされたから、名誉を傷つけられたから戦ったのではありません。たとえ理不尽な非難を受けたとしても、それがただ自分の名誉だけに関わることならば、戦いません。しかし、福音の真理のため、神の民を守るためには戦います。けれども、自分の名誉のために戦うことはないのです。

このようにパウロは、福音宣教者として「いかなることでも、人に躓きを与えないこと」と、「宣教の務めが馬鹿にされないこと」を心がけていました。この二つは、いわば消極的な心がけと言えます。

では、積極的な福音宣教者の心がけとは何なのでしょうか。パウロは四節前半でこう述べています。「あらゆる場合に神に仕える者としてその実を示しています」。

ここは直訳すれば「すべてのことにおいて、自分自身を、神に仕える者として推薦しています」となります。パウロは伝道者として、「すべてのことにおいて、自分自身を、神に仕える者として推薦する」と言います。これが積極的な、福音宣教者の心がけだと言えるでしょう。

パウロは六章一節で、自らのことを「神の協力者」と呼びました。神の和解の業は一〇〇％神の主権的な御業です。神の御業を人間が助けることはできません。しかし、その神が、あえて人間を用いてくださいます。福音の宣教において、人間を用いてくださいます。それゆえ、神の恵みは、人間という通路を通して伝えられると言えます。

それだからこそパウロは、自分のために、恵みの伝達が妨げられることがあることを自覚し、自戒していました。宣教の言葉は、それを語る者と切り離して考えることはできないのです。

パウロは四節では自らのことを「神に仕える者」と言っています。ただ単に、自分を推薦するのではありません。自分を誇ろうとするのではありません。「神に仕える者」として推薦します。ただ神の恵みによって救われ、神の子としての自由を与えられ、そして神の僕とされている、その自分を見てくださいと言うのです。

ここに、一人の救われた人間がいるのです。一人の人間が救われるということが、いったいどういうことなのかが、ここに示されています。一人の人間が救われて、神に生きるとは何かが示されていま す。それを見てください、とパウロは言うのです。

パウロは、つまらない自分を誇るのではありません。自分がどれほど立派であるか、能力があるか、何をしてきたか、世間でどれほど評価されているか、または評価されてきたか、それを誇るのではありません。神の僕であること、神に仕える者であることを誇るのです。ただ神の恵みによって救われて、こうして生かされていることを誇るのです。

そういう自己推薦は、決してうぬぼれではありません。そういう人の姿は、人々に本当の意味でイエス・キリストを指し示すものとなります。

それゆえ私たちも、健全な意味で、自己推薦ができる人になる必要があります。キリストを信じているという告白と、その人の生き方は切り離されません。教会ではしばしば、「人を見ないでください。人は罪人ですから、人を見れば躓きます。神様だけにイエス様だけに目を留めましょう」と言われます。それは確かに一面の真理です。教会の人を理想化して考えれば、いつか必ず、その現実を知らされて、躓くことになるでしょう。

しかしだからといって、「人を見ないでください」だけで済ますことはできません。なぜなら、通常、人は、キリスト者を見ることなしに、イエス・キリストを求めるようになることはないからです。

私自身も、キリストに導かれるきっかけは、キリスト者の友人との出会いでした。また教会に初めて行った時、神を信じる人々の姿に魅力を感じました。その友人が、好ましくない人だったら、私は決して教会には行かなかったでしょう。また最初に教会に行ったとき、そこに集まる人々に何の魅力も感じなかったなら、決して続けて教会に行くことはなかったでしょう。

誰でも、通常は、キリストを信じている人を介して、キリストのもとに導かれます。ならば、キリスト者の姿、生き方、生活は、伝道にとって決定的に重要だと言えます。パウロはそのことを十分に自覚していました。ですから彼は、自分自身を推薦する生き方をしていたのです。そのことを心がけていました。それが福音宣教者としての積極的な心構えだと言えます。

自分の立派さで、私たちはキリストを伝えることができるのではありません。しかし、神は、生身の私たちを通して、福音を宣べ伝えられるのです。ですから、私たちもこのことを積極的に受け止めることが大切です。その意味で、自分を神に仕える人として、自己推薦できるように心がけることが大切なのです。


パウロは「すべてのことにおいて、自分自身を、神に仕える者として推薦している」と言いました。ではその「すべてのこと」とは、どういうことなのでしょうか。そのことが四節の後半以下に記されています。

最初に「大いなる忍耐をもって」とあり、続いて九つの苦難・艱難が数えられています。「苦難、欠乏、行き詰まり、鞭打ち、監禁、暴動、労苦、不眠、飢餓」です。

パウロは、「神に仕える者」の信仰の姿として、まず、苦難のことを挙げました。苦難の中での信仰を取り上げました。その鍵になるのは、最初に取り上げられた「忍耐」です。パウロは、信仰生活における「忍耐」の重要性を明らかにしています。

苦難のリストは、大きく三つに分けられます。最初の三つが一般的な苦難の表現です。それが「苦難、欠乏、行き詰まり」です。そして続く三つが苦難の具体例です。「鞭打ち、監禁、暴動」です。使徒言行録には、パウロがそのような苦難に遭ったことが記されています。そして最後の三つは、使徒の務めのゆえに耐えなければならなかった試練、すなわち「労苦、不眠、飢餓」です。「労苦」は心身ともに疲れ果てたこと、「不眠」は、忙しくて、もしくは危機に襲われて眠ることができなかったこと。そして「飢餓」は、同じように忙しさや襲い来る迫害のために、二、三日食べることができなかったことを表します。

パウロは多くの苦難を経験しました。しかしその中で「大いなる忍耐をもって」耐え忍びました。苦難の中で耐え忍ぶことが、彼が「神に仕える者」であることの証しでした。信仰生活には、必ず苦難が伴います。信仰のゆえの苦しみがあります。それゆえ、神の民には忍耐が必要です。信仰の力は忍耐によって発揮されると言ってもよいのです。

「忍耐」と訳されている言葉（ヒュポモネー）が新約聖書中でどのように用いられているかを調べてみますと、いくつかの言葉と結びついているのが分かります。まず多いのは「艱難」という言葉です。艱難の中で忍耐が必要とされます。

さらに「忍耐」は「信仰」という言葉と結合して用いられます。「信仰が試されることで忍耐が生じる」とヤコブ書にはあります。信仰を全うするのが忍耐です。

さらに「忍耐」という語は「希望」と結合して用いられます。ローマの信徒への手紙五章には「苦難は忍耐を、忍耐は練達を、練達は希望を生む」（五・三）とあり、また一五章には「それでわたしたちは、聖書から忍耐と慰めを学んで希望を持ち続けることができるのです」とあります。忍耐が希望に結びつくのです。

また「忍耐」という語は、「喜び」とも結合しています。キリスト者の生活は「何事も喜んで耐え忍ぶ」（コロサイ一・一一）ことを特徴とするのです。

そして「忍耐」という語が最も多く結びついているのは、「永遠の命」「永遠の栄光」です。忍耐しつつ信仰生活を送り、永遠の栄光に迎え入れられるのです。

このように聖書における「忍耐」という言葉の用いられ方を見ますと、信仰生活はまさに「忍耐」だと言えることが分かります。と同時に、忍耐とは単に嵐が過ぎ去るのを受動的に耐えるというイメージではないことが分かります。

聖書における忍耐とは、ただ諦めることではなくて、燃えるような希望を持って耐える、そのことが永遠の栄光に至ることを信じて耐える心です。ただ嵐が過ぎ去るのを待つのではありません。栄光の夜明けを待ち望む「希望の忍耐」、それがキリスト者の忍耐なのです。

パウロは、苦難の中における忍耐が、自分が神に仕える者であることを証していると言いました。しかしそれだけが、パウロが神の人であることを世に示しているのではありません。パウロはその務めを果たすために、神の賜物をいただいていました。それによって彼がキリストの使者であることが確認されます。その賜物が、六節から七節に記されています。

第一は「純真」。下心のないこと、動機が純粋であることです。

第二が「知識」。福音の真理に関する知識のことです。神の意志に対する敏感さ、キリスト者としての洞察力とも言えます。

第三は「寛容」。反対者や彼を嫌う者に対して、忍耐を失わないことです。パウロは自らが受けた不正を忍んで、それをすべて神に委ねました。

第四は「親切」。コリントの信徒への手紙一、一三章にある愛の特質として、第一が「寛容」であり、第二がこの「親切」でした。ガラテヤの信徒への手紙でも、寛容と共に親切は「聖霊の実」として数え上げられています。

そして「聖霊、偽りのない愛、真理の言葉、神の力」と続きます。パウロが真実な使徒である証拠は、彼の内なる聖霊の臨在によりました。その聖霊の賜物として、彼には「偽りのない愛、真理の言葉、神の力」が表されていました。

続く七節後半から八節にはこうあります。

「左右の手に義の武器を持ち、栄誉を受けるときも、辱めを受けるときも、悪評を浴びるときも、好評を博するときにもそうしているのです」。

「左右の手に義の武器を持ち」とあるように、パウロは戦いを避けることはできませんでした。「左右」というのは、攻撃と防御の両方に関わる武器ということでしょう。しかし彼が持つのはあくまで「義の武器」です。義のための武器です。神の義のために戦う姿勢を持つことも、神に仕える者に欠かせない姿勢です。

さらに、「栄誉を受けるときも、辱めを受けるときも、悪評を浴びるときも、好評を博するときにも」とありますように、神に仕える者は、好評ばかりではなくて、そしりや悪評も受けることになります。パウロ自身、教会によっては、あたかも神の使いであるかのような扱いを受けたこともありましたが（ガラテヤ四・四）、一方、ユダヤ人たちや異邦人からは、たくさんの恥辱を受けました。教会の信徒たちからそしりを受けることもありました。

パウロはまさに二様の取り扱いを受けました。神を信じる者はそのような取り扱いを受けます。しかしパウロは、どんな境遇に遭っても変わらない不屈の態度で、身を処す秘訣を得ていました。それもまた「神に仕える人」としての証しでありました。

最後の部分の八節後半から一〇節には、七つの対句が挙げられています。それらはいずれも反意的な対句で、それによって自らが「神に仕える人」であることを示しています。対句それぞれの前半部分は、人間的観点からの評価、この世の評価、そして後半部分は、キリストにある視点からの評価、神にある見方と言えるでしょう。

「わたしたちは人を欺いているようでいて、誠実であり、人に知られていないようでいて、よく知られ」とあるように、パウロはある人々からは「人を惑わす者」と言われ、またこの世的にはまったく無名で、誰にも認められない人でした。しかし、彼こそは人々を真理に導く誠実な人であり、神に認められ、福音を信じた人々に認められていました。

「死にかかっているようで、このように生きており、罰せられているようで、殺されてはおらず」とあるように、パウロは絶え間なく死の危険にさらされ、罰せられました。しかし彼は殺されず、まさに生きていました。神は繰り返して、彼を救い出されました。

そして最後にはこうあります。「悲しんでいるようで、常に喜び、物乞いのようで、多くの人を富ませ、無一物のようで、すべてのものを所有しています」。

人間的な判断からすれば、常に艱難や迫害にさらされていたパウロは、悲しみの人であり、貧しい人、また何も持たない人でした。それは事実です。彼は多くの悲しみを抱え、物質的には貧しく、何も持っていませんでした。しかし同時に彼は、神の恵みによっていつも喜び、誰よりも豊かに人々を霊的に富ませることができ、そしてキリストにあって一切のものを持っていました。

キリストに出会う前の彼は、実に多くのものを持っていました。この世的な名誉があり、地位があり、また財産もあったでしょう。迫害することはあってもされることはなく、責めることはあっても責められることはなかったでしょう。安泰でした。

しかしイエス・キリストに出会って、それらすべてを失いました。名誉も地位も財産も世的な安泰も失いました。それは事実です。しかしパウロは明らかに、かつてよりも豊かになりました。多くを捨てましたけれども、より豊かなものが与えられたのです。

この世の評価と神にある評価は違います。パウロは明らかに後者に生きました。私たちはどうでしょうか。こうしたパウロの姿を知りますと、私たちはパウロのようにはなれないとすぐに思います。パウロは使徒だから特別だと思います。そう感じるのは当然でしょう。

しかし、それで終わらせることができるわけではありません。パウロは好き好んで、このような生き方をしたわけではありません。彼はただキリストと出会い、キリストの召しに従って生きたのです。

それだけです。苦難を背負うこと、貧しくなること、それが目的だったのではありません。彼はただ、キリストの命に生きたのです。それに徹したのです。なぜならば、この命を失ったならば、生涯は本当に空しいものとなるからです。主イエスは言われました。

「人は、たとえ全世界を手に入れても、自分の命を失ったら、何の得があろうか」。全世界を手に入れても、自分の命を失ったら、私たちの生涯は本当に空しいものとなります。そしてその結果を刈り取ることになります。パウロはただキリストによって、本当の命を与えられ、真実にキリストに従って生きました。

この世的には、惨めで貧しい生涯であったかもしれません。しかし、聖書が証しするように、彼の生涯は本当に豊かでした。パウロの生涯に見られるように、キリストに従って生きることは、苦難の中で忍耐に生きることです。また、辱めを受けたり、悲しみを与えられたり、この世的な喜びを奪われる生涯です。

しかし聖書が約束しているのは、キリストに従う生き方にこそ、本当の祝福があるということです。本当の喜び、本当の豊かさがあり、そして永遠の命が与えられるのです。私たちはその祝福に招かれています。

イエス・キリストはそのために犠牲を払ってくださいました。ご自身の命を十字架の上に捧げてくださいました。パウロがそうであったように、私たちはただ、そのイエス・キリストに対して、真実に歩んで行きたいと願います。そこにこそ、本当の祝福があるのです。

六章一一―一六節b

心を広くしよう

コリントの人たち、わたしたちはあなたがたに率直に語り、心を広く開きました。わたしたちはあなたがたを広い心で受け入れていますが、あなたがたは自分で心を狭くしています。子供たちに語るようにわたしは言いますが、あなたがたも同じように心を広くしてください。

あなたがたは、信仰のない人々と一緒に不釣り合いな軛につながれてはなりません。正義と不法とにどんなかかわりがありますか。光と闇とに何のつながりがありますか。キリストとベリアルにどんな調和がありますか。信仰と不信仰に何の関係がありますか。神の神殿と偶像にどんな一致がありますか。わたしたちは生ける神の神殿なのです。

この箇所には、コリントの信徒たちに対する、性質の異なった二つの勧告が記されています。第一の勧告が一一節から一三節です。パウロはこの手紙の中で、自分が召されている務めについて、すなわちイエス・キリストの福音を宣べ伝えるという務めについて書き記してきました。

その関連で、イエス・キリストの福音とは何であるか、神との和解とは何であるかについても論じました。さらには、自分がその務めに召されている使徒であることの弁明もしてきました。この一一節から一三節は、そういった一連の「パウロの務め」に関する議論の、締めくくりです。パウロは、一つの勧告によって、以上の議論を締めくくろうとしています。

これまでのパウロの記述から明らかなように、彼は自分のことを立派に見せよう、偉く見せようなどとは全く考えていません。彼は、何か信仰の武勇伝を語るのではありません。自分が信仰者であり、使徒であるから、こんなに立派に信仰の戦いをした。神様はこんなに自分を祝福し、用いてくださった、という話をするのではありません。

もちろん、そういう面もなくはありませんでした。パウロは神の恵みをリアルに体験しました。しかし、同時に彼はそれ以上に多くの惨めな体験をしました。苦難の中で彼がしたことは、何よりも忍耐することでした。耐えることでした。苦難の中で神が働いて自分を助け出してくださったと誇らしげに語るのではなく、自分は忍耐したと語ります。

パウロは自分の働きについて、その動機も含めて、すべてをさらけ出して語っています。自分を立派に見せかけようなどとはしていません。立派に見せかけて、自分に対する支持を集めようなどとは考えません。正直に弱さも含めてさらけ出しています。その弱さの中で、働いてくださった主なる神の恵みだけを証ししようとしています。それゆえ一一節にこうあります。

「コリントの人たち、わたしたちはあなたがたに率直に語り、心を広く開きました」。

パウロは率直に語りました。何かを差し控えることもなく、あいまいにすることもなく、正直に語りました。パウロはコリントの信徒たちに「心を広く開いた」のです。

宗教改革者カルヴァンが「心の広さとは、愛から生じる気さくさのことだ」と述べているように、パウロはコリントの信徒たちを愛し、大きな気持ちを持って接しました。パウロはここで「コリントの人たち」と呼びかけています。こうした呼びかけは、この手紙ではここだけです。愛を込めての呼びかけと言えるでしょう。

パウロとコリントの信徒たちの間には、さまざまなわだかまりがありました。とりわけコリント教会の中に、パウロに対する批判がありました。パウロはコリントの信徒たちの信仰を厳しく支配しようとしているという批判もありました。さまざまな偏見に基づいた非難がありました。

それに対してパウロは、この手紙の中で自己についての弁明をしてきたわけですが、今やパウロは、「自分はコリントの信徒たちに心を開いている」と語ります。自分が本当に愛の思いを持っていることと、寛大な思いを持っていることを伝えます。

コリント教会は、パウロの働きによってできた教会です。彼の愛の労苦によって生まれた教会であり、その後も教会のために多くの犠牲を払ってきました。パウロはコリントの信徒たちのことを自分の霊的な子どもと思っていました。ですから、パウロは彼らとの間に、信頼し合う関係を築くことを強く望んでいました。

不幸にして、コリント教会とパウロの間に緊張関係が生まれていました。コリント教会の中には、パウロに対する批判がありました。パウロからすれば、言われのない批判、偏見であり、反論することもできたでしょう。

しかしパウロは、批判に対していたずらに反論するのではなく、つまり、自分の心をかたくなにするのではなく、むしろ心を開いて、自分の愛を伝え、彼らの愛を呼び起こそうとしたのです。

一二節でパウロはこう言っています。

「わたしたちはあなたがたを広い心で受け入れていますが、あなたがたは自分で心を狭くしています」。

「わたしたちはあなたがたを広い心で受け入れている」とパウロは言います。直訳すれば「あなたがたは、私たちの内で狭くなっているのではない」となります。つまり、私たちの心の中で、あなたがたは決して狭い場所を占めているのではなく、広い場所を占めている。すなわち、それほどあなたがたのことを愛しているのだ、と言っています。

パウロは、広い大きな心で彼らのことを受け止め、愛していました。率直に語り、心を開いていました。しかし、コリントの信徒の側はそうではありませんでした。一二節の後半にあるように、彼らは「自分で心を狭くしていた」のです。

彼らは自分で心をふさいで、それによって自分自身を圧迫していました。彼らはパウロを信頼し、心を開くのではなく、疑いの思いを持ち、パウロに心を許すことができなくなっていました。

パウロとコリントの信徒との間がそうであったように、イエス・キリストを信じている者同士の間でも、交わりが難しくなることが起こります。その場合、このコリントの信徒たちと同じように「自分で自分の心を狭くしてしまう」ということが起こっています。心がこわばって、交わることができなくなるのです。相手の語る言葉を素直に聞くことができなくなる。自由に交わることができなくなるのです。

パウロとコリントの信徒との関係がそうでした。その時、パウロはどうしたのでしょうか。心を閉じているコリントの信徒たちを叱責したのではありません。彼らが心を閉じる原因になったパウロに対する非難や偏見の噂に、むきになって反論したのではありません。

パウロも傷ついていました。パウロがかつてコリントに行った際に、ある人物からひどい攻撃を受けたことがありましたが、コリントの信徒たちはそのパウロを擁護してくれませんでした。パウロも傷ついていました。

しかしその関係の修復のために、パウロがしたのは、自分から相手に心を開くということでした。ありのままの正直な自分をさらけ出して、率直に語りかけたのです。一三節にはこうあります。「子供たちに語るようにわたしは言いますが、あなたがたも同じように心を広くしてください」。パウロは子どもたちに語るように、コリントの信徒たちに語りました。父親が愛する子どもに願うように、愛と信頼を持って語りかけました。そして「あなたがたも同じようにしてほしい」と言います。パウロが心を開いたように、あなたがたも私に心を開いてほしいと願うのです。

お互いに相手を批判したい点があり、ある警戒感を持っていました。疑心を持っていました。しかしパウロは、そうした思いを捨てて、まず自分から心を開きました。そして、開かれた心に対して、開かれた心で答えてほしい、と訴えています。

心がこわばってしまった者同士の和解の道は、ここしかないのだと思います。パウロは、自らの働きについて自己弁明してきましたが、最後は、自分から心を開いて相手を信頼するしかありませんでした。理詰めで説得すること、論理を正して説明することももちろん大切です。パウロもそうした議論もしてきました。しかし、最後は、愛と信頼を持って語りかけ、訴えるしかないのです。

開かれた心に対して、心が開かれていく。そこに、本当の交わりが生まれます。イエス・キリストご自身が、大いなる犠牲を払った上で、私たちを神の子として心を開いて受け入れてくださっているのですから、私たちもまた、人に心を開いていくことができるのです。

そのようにして、イエス・キリストを中心として心開かれた交わりが生まれます。それが、教会の交わりなのです。

第二の勧告に進みます。それが一四節です。

「あなたがたは、信仰のない人々と一緒に不釣り合いな軛につながれてはなりません」。

この一四節から七章一節までの部分は、前後の文脈とのつながりがあまりよくないために、後で挿入された部分で、パウロの別の手紙が入り込んだのではないか、などと聖書学者たちによって論じられている部分です。しかし、いずれも推論の域を出ず、確定的なことは言えませんので、私たちはこのつながりの中で読んでいくことにいたします。

この戒めは、異教と妥協することに対する厳しい戒めの言葉です。「不釣合いなくびきを共にする」とは、「種類の異なるくびきにつながれる」ことです。この言葉の背後には、申命記二二章一〇節があると思われます。

「牛とろばとを組にして耕してはならない」。

くびきとは、動物を使って畑を耕す際に、動物の首にかける横木のことです。同じ動物ならば、歩調があって、うまく畑を耕すことができます。しかし、牛とろばを組にすればどうでしょうか。動物が違えば、その性質が違いますから、それを組にすればうまく耕すことはできません。力の均衡やバランスが取れませんから、うまく前に進むことができないのです。

そのことをパウロは、キリストを信じている者と信じていない者に当てはめています。キリストを信じている者は、「信仰のない人々と一緒に不釣り合いな軛につながれて」はいけないと言います。

キリスト者は、イエス・キリストを救い主、主とする者です。自分の人生は自分のものではなく、主のものであり、その主を主人にして従っていくのが生き方の基本です。しかし、キリストを知らない者はそうではありません。別の何かを拠り所とし、生きる規範にしています。ですから、くびきを共にすることは非常に難しいのです。

けれども誤解してはなりません。この「信仰のない人々と一緒に不釣り合いな軛につながれてはなりません」という命令は、未信者との関係を断ち切って、この世から出て行くことを命じているのかと言えば、そうではありません。すでにコリントの信徒への手紙一の第五章でも、このことは論じられました。パウロは五章の九節、一〇節でこう述べています。

「わたしは以前手紙で、みだらな者と交際してはいけないと書きましたが、その意味は、この世のみだらな者とか強欲な者、また、人の物を奪う者や偶像を礼拝する者たちと一切つきあってはならない、ということではありません。もし、そうだとしたら、あなたがたは世の中から出て行かねばならないでしょう」。

パウロは、キリスト者はこの世の人たちとの付き合いを一切止めて、この世から出て行くべきだとは考えませんでした。この世から離れたところに、自分たちだけの社会を作るようにとは命じませんでした。キリスト者は、あくまで、この世に生きるべきです。キリストを信じていない人たちと共に、生きるべきなのです。

また同じ手紙の七章では、結婚に関しても、配偶者が未信者なら離婚すべきだと言っているのではない、と言います（七・一二―一四）。単に、未信者と関係を持たない、関係を絶つことが、この命令の意味ではありません。

この「あなたがたは、信仰のない人々と一緒に不釣り合いな軛につながれてはなりません」という命令は、伝統的には結婚に関する戒めと理解されてきました。確かに、キリスト者が未信者と結婚すれば、信仰の違いのゆえに起こる困難が避けられませんから、そのように理解されてきたことには納得がいきます。しかし、キリスト者同士が結婚すれば、必ず歩調が合ってうまく前に歩めるというわけではありません。イエス・キリストがその人にとってどういうお方であるか、という根源的な信仰において一致がなければ、やはり歩調は合わないでありましょう。

また逆に、キリスト者と未信者との結婚であったとしても、それが相対的なものであったとしても、生き方や価値観の一致によって、歩調を合わせて生きることは、十分ありえます。ですからこの言葉を、機械的に、信仰者と未信者の結婚は認められないものとして読むことはできません。

パウロがここで問題にしているのは、結婚のことではなくて、異教との関係のことだと言えます。古代社会において、キリスト者は常にこの問題で、難しい立場に置かれていました。とりわけ、コリントにおいてはそうでした。

コリントでは、その社会生活の中にさまざまな偶像礼拝が組み込まれていました。社会人としての集まりの中に、異教神殿での礼拝が組み込まれるということもありました。職業組合の宴会では、異教神殿に捧げられた肉が供されました。また、偶像に捧げられた肉が、市場で売られていました。異教宗教が、生活のあらゆる面に浸透していたのです。

さらに、コリントは不道徳の町として有名でした。普通の社会人が、遊女のもとに通って淫行にふけったり、大酒に酔っぱらって騒ぐことを楽しみにしていました。ですからキリスト者たちも、未信者の友人たちから、普通にそうしたことに誘われたのです。

コリントの信徒への手紙一で明らかであったように、キリスト者でありながら、そういった生活をしている者たちもいました。しかしパウロは、そういった生活は「神の恵みを無駄にする」ことであり、止めるように勧告しました。

「不釣合いなくびき」とは、力の均衡やバランスの取れないくびきのことです。うまく前に歩むことができない、そうしたくびきのことです。しかしそれでも、前に進まなければならない時、バランスを取るために妥協することが起こります。

キリスト者が、信仰のない人たちとのバランスを保とうとして、不信仰な生活に妥協するということが起こる。ひいては、人との摩擦を避けようとして、異教に対して妥協するということが起こる。それが、あってはならないこととして、パウロが警告していることです。

キリスト者は、この世で、多くの人と協調して、平和に過ごすことが求められています。この世から逃避せず、未信者の方とも、協力して生きることが求められています。しかし、神に対する忠誠を弱めたり、自らの魂を世俗化させるような、そのような「人とのくびき」につながれてはなりません。

自分が神から引き離されるような、そういう人間関係の深みに陥ってはなりません。神のことよりも、人のことを優先するようになってはなりません。人のことを優先してしまうような、くびきにつながれてはならないのです。

一四節の勧告の重要性を、パウロは続く五つの問いかけによって強調しています。第一が「正義と不法とにどんなかかわりがありますか」。第二が「光と闇とに何のつながりがありますか」です。正義と不法、光と闇には、何のつながりも、交わりもありません。キリスト者は闇の力から救い出され、光の中に入れられた者です。

第三の対比は「キリストとベリアルにどんな調和がありますか」であり、第四の対比は「信仰と不信仰に何の関係がありますか」です。ベリアルとは、サタンを呼ぶ当時の名称です。キリストとサタン、信仰と不信仰の間には、何の調和も関係もありません。

第五の対比が「神の神殿と偶像にどんな一致がありますか」です。

このように、パウロは、イエス・キリストの福音と異教との対立を明確にしました。異教の延長線上に、イエス・キリストの福音があるのではありません。そこには調和の道はなく、二者択一の「あれかこれか」しかありません。

イエス・キリストを信じている者とそうでない者は、根源的な命の源が異なり、支配されているお方が異なります。生活原理が異なります。その対立の面を、私たちは忘れてはなりません。

こうした対立の強調、違いの強調は、今日の人々の感覚には好まれないものかもしれません。こういう考えが独善や対立を生むのだ、と言われるかもしれません。もっと寛大になるべきではないか、と言われるかもしれません。

もしもこうした対立の強調が、未信者である他者に対する批判や、攻撃や、優越として表れるなら、それは、パウロの言っていることを読み違えていると言えるでしょう。パウロはただ、キリスト者に勧告しているのです。未信者を批判、攻撃しているのではありません。キリストの者とされていながら、そのように歩んでいない者たちに対して、その歩みを正すように言っているのです。

聖書は確かにこの違いを強調し、それを認識して生きるようにキリスト者に求めています。他の人たちの生き方を問うているのではなくて、キリスト者自身が、自分の立場をしっかり認識することを求めています。キリスト者でありながら、キリストを知らない人と同じように生活していることを問題にしているのです。

なぜキリスト者は、「信仰のない人々と一緒に不釣り合いな軛につながれては」いけないのでしょうか。一つの結論が一六節にあります。それは「わたしたちは生ける神の神殿」だからです。私たちはキリストの体の肢体であり、神の神殿とされています。

神のものとされている私たちが、不信仰な生き方から離れなければならないのは、当然です。不信仰な生き方から一線を画さなければならないのは当然です。パウロの訴えの中心はそこにありました。

私たちは、イエス・キリストによって買い取られて、生ける神の神殿とされました。それゆえ、私たちに何より求められているのは、「生ける神殿」としての生活に徹することです。

パウロは、キリスト者の交わり、つまり教会を「神の生ける神殿」だと言いました。では神殿の中心は何でしょうか。それは言うまでもなく「礼拝」です。神を畏れて礼拝を捧げることが、神殿の中心です。ですから、「生ける神殿としての生活に徹する」というのは、教会の生活を大事にすることであり、何よりも、共に礼拝する生活を大事にすることです。

教会に共に集まって、神を畏れつつ真実なる礼拝を捧げる。これなくして、私たちがこの世と一線を画した生活を送ることはできません。

私たちは、イエス・キリストの犠牲によって、神の民として買い取られました。聖い民として受け入れられました。そのキリストに真実にお答えするのが公同礼拝です。そして一六節の後半にあるように、礼拝の中で、特別に、主は私たちと共におられ、「彼らはわたしの民となる」と言ってくださいます。そこに、神の民の本当の幸いがあるのです。

六章一六節b―七章四節

神を畏れ、聖なる者となる

わたしたちは生ける神の神殿なのです。神がこう言われているとおりです。
「『わたしは彼らの間に住み、巡り歩く。
そして、彼らの神となり、
彼らはわたしの民となる。
だから、あの者どもの中から出て行き、
遠ざかるように』と主は仰せになる。
『そして、汚れたものに触れるのをやめよ。
そうすれば、わたしはあなたがたを受け入れ、
父となり、
あなたがたはわたしの息子、娘となる』。
全能の主はこう仰せられる」。
愛する人たち、わたしたちは、このような約束を受けているのですから、肉と霊のあらゆる汚れから自分を清め、神を畏れ、完全に聖なる者となりましょう。
わたしたちに心を開いてください。わたしたちはだれにも不義を行わず、だれをも破滅させず、だれからもだまし取ったりしませんでした。あなたがたを、責めるつもりで、こう言っているのではありません。前にも言ったように、あなたがたはわたし

たちの心の中にいて、わたしたちと生死を共にしているのです。わたしはあなたがたに厚い信頼を寄せており、あなたがたについて大いに誇っています。わたしは慰めに満たされており、どんな苦難のうちにあっても喜びに満ちあふれています。

パウロは一つの結論として一六節で「わたしたちは生ける神の神殿なのです」と述べました。私たちが生ける神の神殿であるとは、私たちはイエス・キリストの体なる教会に連なっているということです。教会の枝、肢体であるということです。

私たちはそのような生ける神の神殿、キリストの体なる教会の肢体であるから、異教に関わることはできません。キリストのものとされているから、異教に身を寄せることはできません。

一六節の後半から旧約聖書の引用がなされています。この部分は、旧約聖書にあるさまざまな御言葉をパウロが組み合わせているものです。私たちが生ける神の神殿であるとはどういうことなのか。また、神の神殿として私たちには何が求められているのか、それをパウロは旧約聖書を引用しつつ述べています。一六節の後半にはこうあります。

「わたしは彼らの間に住み、巡り歩く。そして、彼らの神となり、彼らはわたしの民となる」。

ここは、レビ記二六章一一節、一二節とエゼキエル書三七章二七節の引用です。私たちが生ける神の神殿であるとは、神ご自身が私たちの間に住み、巡り歩いてくださることです。私たちの神となり、私たちは主の民とされることです。

神の民にとって、神のものとされ、神がその内に住んでくださること以上の特権はありません。旧約の時代、神は幕屋にまた神殿に臨在されました。しかし新約の時代においては、聖霊によって、より親密な形で、その民の中に臨在してくださいます。とりわけ、神の民が集まる教会において、公同礼拝において、ご自身の臨在を明らかにしてくださいます。

それゆえ、そのような神の民に求められることがあります。「生ける神の神殿」として、求められることがあります。それが一七節です。

「『だから、あの者どもの中から出て行き、遠ざかるように』と主は仰せになる。『そして、汚れたものに触れるのをやめよ』」。

ここはイザヤ書（五二・一一）とエゼキエル書（二〇・三四）の混合引用ですが、異教生活から離れるようにとの勧告です。神の神殿であるから、それを汚すことをしてはなりません。分離せよ、一線を引きなさいという警告です。

そしてパウロは、毅然とこの立場を取るようにと励ますために、さらに旧約聖書を引用しています。それが一七節後半から一八節です。

「『そうすれば、わたしはあなたがたを受け入れ、父となり、あなたがたはわたしの息子、娘となる』。全能の主はこう仰せられる」。

罪から離れ、異教的生活から離れるならば、あなたがたは受け入れられて、神の子とされるという約束です。「あなたがたはわたしの息子、娘となる」とあるように、新しい家族、信仰の家族に入れられます。神が私たちの父となり、私たちは愛される神の子とされるのです。

ですからパウロが言うように、私たちは、「信仰のない人々と一緒に不釣り合いな軛につながれては」なりません。人間関係のゆえに、人間のゆえに、異教と妥協してはなりません。私たちキリスト者には、積極的にくびきを共にしなければならないお方がいるのです。主イエスは言われました。「わたしは柔和で謙遜な者だから、わたしの軛を負い、わたしに学びなさい。そうすれば、あなたがたは安らぎを得られる。わたしの軛は負いやすく、わたしの荷は軽いからである」（マタイ一一・二九―三〇）。

主イエスは「わたしの軛を負い、わたしに学びなさい」と言われました。主のくびきを負うとは、主と共に歩むことです。主と歩調を合わせて歩むことです。それが私たちの生き方です。他のものにつながれてはなりません。神に従うことが曇らされるようなものにつながれてなりません。神に従う生き方に妥協を強いられるようなものにつながれてはなりません。それは決して、祝福の道ではありません。

七章一節は、六章一六節から一八節に記されていた旧約聖書の引用を受けての結語と言えます。「愛する人たち、わたしたちは、このような約束を受けているのですから、肉と霊のあらゆる汚れから自分を清め、神を畏れ、完全に聖なる者となりましょう」。

「生ける神の神殿」としての生き方を貫く時に、主が私たちの間に住み、私たちの父となり、また私たちはその息子、娘となる、という約束が語られました。そのような大きな約束を受けているのだから、約束を与えられた者として、自分を聖めて生きるようにパウロは勧めます。

「肉と霊のあらゆる汚れから自分を清め」とあります。この場合の「肉と霊」とは、体と心を指しています。身体的な面においても、精神的な面においても、自分を聖めるようにと言います。また「神を畏れ、完全に聖なる者となりましょう」とあります。パウロはここで、聖なる者となるという努力、聖化の努力を、「神を畏れること」に結びつけています。神を畏れることなしに、神の御前に聖くなろうと心がけることはできません。神への畏れを持つ、神への畏れにとどまることが、聖なる者となるための第一の条件です。

神を畏れるとは、神を怖がることではありません。怖がるのは、神を知らない者のすることです。自分の力を超えた方がいる。そしてその方がどんな方か分からないとしたなら、怖がるしかありません。

しかし真の神はそういう方ではありません。ご自身を明らかにしてくださった御方です。そしてご自身と私たちの関係を明らかにしてくださった御方です。私たちに対して、ご自身が何をなさり、その上で私たちに何を望んでおられるかを明らかにしてくださった御方です。

罪人として滅びにのみ値する者たちであるにもかかわらず、私たちの身代わりとして御子を十字架に犠牲として捧げるほどに、私たちを愛してくださっている御方です。いつも変わることなく、真実であられ、その約束に忠実であられる御方です。

私たちは神の義と真実とその愛を知って、その神を畏れるのです。畏れ敬うのです。不真実な私たちを、一貫して愛してくださっている神を、畏れ敬うのです。赦された者として、愛されている者として、神を畏れるのです。神のご真実に畏れを覚えて、神にお従いするのです。

このような神への畏れがなければ、人は自らを聖めて生きようとはしません。神への畏れだけが、正義と不法、信仰と不信仰、神礼拝と偶像礼拝の混合から私たちを守ります。大いなる約束を与えられている私たちは、神を畏れつつ、自らを清める必要があるのです。

七章二節以下に進みます。六章一四節から七章一節は、一つのまとまりを持っていました。挿入された部分ではないかと、聖書学者たちによって論じられている部分です。その是非はともかく、議論としては、七章二節が六章一三節につながっているのは明らかです。

六章一一節から一三節でパウロは、コリントの信徒たちに「心を広くしてほしい」と願いました。交わりの回復、和解を願いました。その議論が再び、七章二節で繰り返されています。

「わたしたちに心を開いてください」（二節）。

パウロはもう一度コリントの信徒たちに、自分との交わりを回復してほしいと語ります。「心を開く」と訳されている言葉は、「誰かに対して空間を広げる」という意味です。ですからパウロは「あなたがたの心の中に、私たちが占める場所を設けてください」と言っています。

コリント教会はパウロの働きによってできた教会ですが、不幸にして両者の間には緊張関係がありました。コリント教会には、パウロに対する批判や偏見があり、パウロも傷つけられた経験がありました。そうした中で、パウロは真の和解を願っていました。

イエス・キリストの福音は和解の福音です。神と罪人である人間との和解を告げる福音です。そこで人間は、解放されて自由になり、本当の自分を取り戻します。教会はそのような、赦された者の共同体、和解の共同体です。

しかし、その「和解の福音」を宣べ伝える教会自身に、和解の現実がないとしたならば、証しが立ちません。神との和解は人との和解を生み出すと聖書は語ります。神への愛と隣人愛は表裏一体だと聖書は語ります。切り離すことはできません。

しかし現実には、教会で交わりが難しくなることがしばしば起こります。それはパウロの時代からそうでした。しかしパウロは、それを仕方がないことと受け止めたのではありません。真の和解を願いました。交わりの回復を願いました。そのために自らが、その一歩を踏み出したのです。

一一節、一二節で語られたように、関係修復のために、パウロはまず自分から心を開きました。自分の側が心を開いて、率直に語りかけました。その上でパウロは一三節にあるように「あなたがたも同じように心を広くしてください」と願います。パウロがまず心を開いたように、あなたがたも同じように心を開いてほしいと願ったのです。

パウロが繰り返して「心を開いてほしい」と訴えたということは、コリントの信徒の側にまだ彼に心を開くことへのためらいがあったことをうかがわせます。コリント教会の中には、パウロに対するさまざまな非難があったのでしょう。パウロはそれに対して七章二節で弁明しています。

「わたしたちはだれにも不義を行わず、だれをも破滅させず、だれからもだまし取ったりしませんでした」。

この言葉は、コリント教会にかなりひどいパウロに対する非難があったことを示します。パウロは人に損害を与えたり、人格や名誉を傷つけたり、金銭的な不法を行ったという非難がありました。

パウロはこうした自らに向けられた非難をきっぱりと退けました。いわれのない非難には、明確に弁明しました。しかしすぐ続けて三節で「あなたがたを、責めるつもりで、こう言っているのではありません」と言います。自己に対する非難を明確に退けたパウロですが、この弁明によってコリントの信徒たちに責めを負わせる意図はない、と言います。

パウロは自己に対する非難が事実無根であることを弁明しました。その点では妥協はありません。しかし、その弁明は、相手に対する叱責ではありませんでした。パウロはこの点で、彼らを責める気持ちを抱いてはいませんでした。

では、パウロの心の中にあった思いとは何なのでしょうか。パウロの心の中で、コリントの信徒たちはどのような位置を占めていたのでしょうか。それを表しているのが三節の後半の御言葉です。「前にも言ったように、あなたがたはわたしたちの心の中にいて、わたしたちと生死を共にしているのです」。

この言葉が、パウロのコリントの信徒たちへの思いを最もよく表しています。パウロにとってコリントの信徒たちは「共に生き共に死ぬ」信仰の仲間でした。パウロにとって生きるも死ぬも、彼らのためであり、いつも「共に恵みにあずかる者」として、彼らのことを考えていました。

「生死を共にしている」というのは、同じ命につながれているということです。一つ体につながれているということです。キリストを頭とする教会に属する肢体であるということです。お互いは、その一つ命に結びついている者同士であるということです。その意識、自覚こそが、交わりの基礎でした。それが教会における交わりの基礎です。人と人との和解の基礎なのです。

私たちはお互いに、本当に異なる者たちです。人間的な要素で考えるなら、そこに一致を見出すことは難しいでしょう。私たちは、他者の嫌なところには敏感です。そこにこだわってしまう性質を持ちます。しかしパウロは、そこに目を留めることはしませんでした。ひどい非難を浴びせられていたのですから、コリントの信徒たちを攻めたい思いがまったくなかったわけではないでしょう。彼らの弱さや欠点にも気づいていたことでしょう。

しかしパウロは、そういう視点で彼らを見つめませんでした。人間的要素を、彼らの本質だとは思いませんでした。パウロが見つめたのは、神にある事実でした。つまり、彼らは自分と同じイエス・キリストの命に結ばれているということです。「生死を共にしている者たちである」ということです。人

この神にある事実に立って、彼らを見つめ、彼らを受け入れ、その彼らとの和解を願いました。人間的な意味で和解を願ったのではありません。彼らがキリストのものとされているがゆえに、キリストが愛しておられるがゆえに、彼らを愛し、彼らとの和解を願いました。その神の現実、キリストの現実の上に、交わりを築こうとしたのです。

それゆえパウロの心を満たしていたのは、コリントの信徒たちに対する信頼と彼らを誇る思いでした。四節にはこうあります。

「わたしはあなたがたに厚い信頼を寄せており、あなたがたについて大いに誇っています」。

「厚い信頼を寄せている」と訳されている部分は、おおっぴらに、大胆に語ることができるという意味です。心が開け放たれていて、自由に、率直に語ることができる。何のわだかまりもなく、語ることができるということです。

パウロは傷つけられたこともありました。またコリント教会には、なお、パウロへの批判や偏見もありました。しかしパウロの側は、自由になっていました。心が開いていました。そうなれたのは、彼らが同じキリストの命に結ばれているという現実に立てたからです。神にある現実、キリストにある現実に本当に立てたとき、人は自由になれるのです。

精神科医が書いた『しがみつかない生き方』（香山リカ著、幻冬舎新書、二〇〇九年）という本があります。著者は教会に行っているようですが、まさに人は何かにしがみついて生きています。しがみついているがゆえに苦しいのですが、しかし、しがみつかないでは生きられない。そういう囚われの中にあるのが人間の現実です。

そして何であれしがみついていれば、心がこわばります。心が自由でなくなります。パウロは、これまで傷つけられたり、非難されたりしたのですから、彼が心をこわばらせても仕方がないように思います。そういう要素はいくらであったように思います。しかしパウロは自由でした。心を開くことができました。

それは何よりも、自分に与えられている神の恵みの深さを知っていたからです。コリントの信徒たちに対する神の愛の深さを知っていたからです。見える現実に囚われるのではなく、神の現実から物事を見つめることができたとき、彼は自由でありえたのです。

それゆえパウロの心は、慰めと喜びに満ちていました。四節の後半にこうあります。

「わたしは慰めに満たされており、どんな苦難のうちにあっても喜びに満ちあふれています」。

パウロの心は慰めと喜びに満ちあふれていました。「どんな苦難のうちにあっても」とあるように、見える現実は厳しいのです。苦難があるのです。しかし、見える現実に支配されない、慰めと喜びがありました。それがキリスト者に約束されています。

和解の福音を宣べ伝えるパウロは、彼自身が、和解に生きる者でした。人の視点でなく、神の視点で物事を見ることによって、囚われることなく、自由に生きることができました。心を開くことができました。それゆえに、彼の心には、慰めと喜びが満ちあふれていました。

私たちもまた、このような自由と喜びに召されています。そして教会が、この神にある自由と喜びに満たされる時、ますます神の栄光を表すことができるのです。

七章五—一〇節

神の御心に適った悲しみ

マケドニア州に着いたとき、わたしたちの身には全く安らぎがなく、ことごとに苦しんでいました。外には戦い、内には恐れがあったのです。しかし、気落ちした者を力づけてくださる神は、テトスの到着によってわたしたちを慰めてくださいました。テトスが来てくれたことによってだけではなく、彼があなたがたから受けた慰めによっても、そうしてくださったのです。つまり、あなたがたがわたしを慕い、わたしのために嘆き悲しみ、わたしに対して熱心であることを彼が伝えてくれたので、わたしはいっそう喜んだのです。あの手紙によってあなたがたを悲しませたとしても、わたしは後悔しません。確かに、あの手紙が一時にもせよ、あなたがたを悲しませたことは知っています。たとえ後悔したとしても、今は喜んでいます。あなたがたがただ悲しんだからではなく、悲しんで悔い改めたからです。あなたがたが悲しんだのは神の御心に適ったことなので、わたしたちからは何の害も受けずに済みました。神の御心に適った悲しみは、取り消されることのない救いに通じる悔い改めを生じさせ、世の悲しみは死をもたらします。

五節の「マケドニア州に着いたとき」がどのような状況なのかを、少し説明しておきます。パウロはかなり厳しいことを書いた手紙をテトスに預けて、彼をコリント教会に派遣しました。果たしてコリントの信徒たちはこの手紙をどう受け止めるか。パウロはかなり心配しました。コリントに派遣したテトスとは、トロアスで落ち合う予定になっていたのですが、会うことができませんでした。

トロアスでは、福音宣教の門が開いていました。人々が福音に関心を示し、それを受け入れようとする人々が多くいました。けれどもパウロは、「テトスに会えなかったので、不安の心を抱いたまま人々に別れを告げて、マケドニア州に出発」したのです（二・一二）。

テトスがコリント教会に持っていった、あの「涙の手紙」をコリント教会の人々がどのように受け止めたのか。それが気になり、不安になって、トロアスでの伝道の機会を生かすことができませんでした。

七章五節の「マケドニア州についた時」とは、以上のようなパウロの状況を指しています。ですから五節にあるように「わたしたちの身には全く安らぎがなく、ことごとに苦しんで」いたのです。「わたしたちの身」とありますが、「身」とは単に肉体のことではなく、弱い人間存在全体を指していると言えます。つまりパウロはまったく疲れきって意気消沈していました。あの手紙によって、パウロとコリント教会との間に決定的亀裂が入るかもしれない。これで関係が終わってしまうかもしれない。そんな不安にさいなまれたのでしょう。

五節後半には、「外には戦い、内には恐れがあった」とあります。そうした不安にさいなまれている時にも、教会やパウロたちに対する攻撃・迫害は続いていました。ユダヤ人や異邦人から受ける苦難がありました。そのような苦難の中に置かれることによる、不安や恐怖もありました。

そのような戦いや恐れに加えて、コリントの信徒たちがあの手紙にどんな反応をしたのかという不安がありました。これらによってパウロは、すっかり意気消沈していたのです。

「マケドニア州に着いたとき、わたしたちの身には全く安らぎがなく、ことごとに苦しんでいました」。

意気消沈したパウロの姿が目に浮かびます。彼はいつも強かったわけではありません。彼はいつも使命に燃えて、力強く働けたわけではありません。トロアスでは、伝道のチャンスが大きく開けていたにもかかわらず、それを生かせないほどに不安に苛まれていました。パウロは弱さの中で、打ちひしがれてしまうことがありました。

パウロがこうしたことを正直に書いていることからも分かるように、パウロは弱さを隠して生きる伝道者ではありませんでした。弱さを隠して生きるとしたら、どこかで偽善的になります。表と裏を使い分けることになります。彼は教会の指導者として表を取り繕うことはしませんでした。彼は本当に正直にありのままに書いています。安らぎがなかったこと、苦しんでいたこと、恐れがあったことを書いています。ありのままに正直に書いています。そしてむしろ正直に書くことで、弱さの中に働く神の恵みを証しする者でありえたのです。

パウロは偉大な使徒です。彼がキリスト教の教えの基礎を据えたと言えます。しかし彼が大きな働き人であったのは、彼が知識においてすぐれていたからとか、人一倍強い精神力を持っていたからではありません。むしろ彼は、自らの弱さを知り、それを認めていました。しかしその弱さの中に働いてくださる神の恵みを知っていました。それを知るだけでなく、自らがそのような神の恵みに生きていたのです。

ですからパウロにとって、弱さを語ることが、神の恵みを語ることにつながっています。信仰生活は決して、建前を言い、強がりを言って生きるものではありません。弱さの中にこそ神は働いてくださいます。それゆえ、私たちは自らの弱さを認めつつ、神の御前に出ることが大切なのです。

このように意気消沈していたパウロを慰め、励ましたのが、マケドニア州でのテトスとの出会いでした。パウロはテトスからコリント教会の状況を聞きました。それはまさに吉報でした。「涙の手紙」には効果があり、彼らがパウロに対して愛情を示していると聞きました。パウロはそれによって大きな慰めを得たのです。

ここでパウロは神のことを「気落ちした者を力づけてくださる神」と呼んでいます。これはパウロの体験に基づく、実感のこもった表現です。体験の深みから発せられた言葉です。

パウロは本当に気落ちしていました。伝道の意欲が萎えるほど気落ちしていました。しかしテトスからの報告によって力を得ました。パウロはすべてのことの背後に神の導きを信じていますから、まさに神が自分を慰め、励ましてくださったと感じたのです。

神の慰めというのは、このようにただ言葉によるものではありません。神は人間という手段を通して働かれます。具体的出来事を通じて働かれます。神の慰めは、具体的な出来事を通じて起こります。

七節によると、パウロは二つの点で慰めを受けたと言っています。一つは、テトスの無事な姿に出会えたことです。もう一つは、テトスがコリントの信徒たちから慰めを受けたことです。テトスはパウロの代理人としてコリントに派遣されていましたから、テトスに対するコリントの信徒たちの姿勢は、パウロに対する姿勢でもありました。それゆえテトスの受けた慰めは、そのままパウロの慰めでもありました。

さらにパウロは、慰められただけでなく、大いに喜ぶことができました。それはテトスによって、次のことが伝えられたからです。七節にあるように、テトスは三つのことを伝えました。

第一は、コリントの信徒たちがパウロを慕っていることです。パウロに対して愛慕の思いを持っていることです。慕うとは、会いたいという願いを持つことでもあります。そのような強い感情を持っていました。

第二は、コリントの信徒たちがパウロのために嘆き悲しんでいることです。これは、コリントの信徒たちが自分たちの非を悟り、パウロのために心を痛めているということです。彼らは、自分たちがパウロを傷つけ悲しませたことを嘆いていました。

第三は、コリントの信徒たちがパウロに対して熱心である、つまり熱意を持っていることです。熱愛と言ってよいかもしれません。パウロ自身はコリントの信徒たちに対して熱い思いを持っていました。それと同じような思いを、コリントの信徒たちがパウロに対して持っていたのです。

コリントの信徒たちが、ただ単に、パウロの厳しい言葉を受け止めたのではなくて、彼らがパウロを慕い、熱い思いを持っているということを知って、彼はまさに喜びにあふれました。彼がコリントの信徒たちに対して持っているのと同じような熱い思いを、彼らが自分に対して持っていてくれる。その事実は、パウロを大いに喜ばせたのです。

パウロはある意味では強い人でしたが、信徒のことを思い悩むという点では、弱さを持っていました。心に起こる感情の起伏からも自由ではなく、時には安らぎを失い、不安に苛まれました。

しかしその中で、パウロは具体的な関係の中で慰めを受け、それを神からの慰めと受け止めることができました。具体的な信徒との関係の中で、大きな喜びを与えられました。それが伝道者パウロの姿でした。それが彼の生の生き様だったのです。

八節以下では、すでに取り上げた「あの手紙」を書いたことについて、彼は改めて自分の思いを述べています。

「あの手紙によってあなたがたを悲しませたとしても、わたしは後悔しません。確かに、あの手紙が一時にもせよ、あなたがたを悲しませたことは知っています」（八節）。

「あの手紙」とは、先ほども言いました、パウロがコリントの信徒たちに宛てて書いた「涙の手紙」のことで、それには厳しい内容が含まれていました。彼らを叱責する内容が含まれていました。彼らの信仰理解と信仰生活についての厳しい警告や忠告が含まれていました。

パウロは自分が厳しい手紙を書いたことをずっと気にしていました。「あなたがたを悲しませた」とありますが、ここは「あなたがたに苦痛を与えた」とも訳せます。パウロは、自分の書いた手紙が、コリントの信徒たちを悲しませ、苦痛を与えるであろうことを知っていました。それを自覚していました。

それゆえパウロは、そのような手紙を書いたことを悔いたこともあったようです。あれは厳しすぎたのではないか、と気をもんだことがあったようです。それが結果として功を奏した今となっては、

「後悔しない」と言い切れますが、しかし実際は気に病んだ面があったと思われます。

けれども彼は、それを書かないわけにはいきませんでした。コリントの信徒たちの信仰理解や信仰生活のことを思えば、それを書かないわけにはいきませんでした。パウロはあくまで、コリントの信徒たちが正しい信仰に立ち、ふさわしい信仰生活を送ってほしいという願いを込めてこれを書きました。愛と祈りを込めて「涙の手紙」を書いたのです。

この手紙は確かに、一時的に、コリントの信徒たちを悲しませました。苦痛を与えました。しかしパウロは伝道者として、それを避けることはできませんでした。相手を悲しませたり、苦痛を与えたりすることが分かっていても、それを避けることはできませんでした。

ここに真の伝道者の姿があると言えるでしょう。伝道者というのは、時には、相手を喜ばせるどころか悲しませることであっても、言わなければならないことがあります。しなければならないことがあります。

その点では私自身も反省を迫られます。私は本当に言うべきことを言ってきたのだろうか、という反省です。本当に必要があることなら、悲しませることであっても、苦痛を与えることであっても、言っているだろうかという思いです。それよりも、相手を喜ばせることばかり言っているのではないか。

パウロが厳しいことを言ったのは、本当に彼らを愛していたからでした。本当に彼らが、神の道を正しく歩んでほしいと願っていたからでした。自分がひどく扱われたという怒りや恨みで、厳しいことを書いているのではありません。そういうところから出るものは何も生み出しません。しかし真に愛しているがゆえに、パウロは言わずにいられなかったのです。愛のゆえに関わらざるを得なかったのです。愛のゆえに、放置することができませんでした。

パウロは、意を決して厳しい手紙をコリントの信徒たちに書きました。書いた内容について、彼は何の疑いも持っていませんでした。しかしそれでも、彼らがどう受け止めるかという不安がありました。弱い気持ちにもなりました。ここには使徒パウロの本当に繊細な愛の思いが表れています。

そしてこの手紙は、コリントの信徒たちを悲しませましたけれども、悔い改めに導きました。九節にこうあります。

「今は喜んでいます。あなたがたがただ悲しんだからではなく、悲しんで悔い改めたからです。あなたがたが悲しんだのは神の御心に適ったことなので、わたしたちからは何の害も受けずに済みました」。

コリントの信徒たちはパウロの手紙に積極的に応じてくれました。厳しい手紙に傷ついて、悲しんで、反発したのでなく、悔い改めました。神への悔い改めに導かれたのです。

それゆえパウロは喜びました。パウロが本当に望んでいたことが実現したからです。パウロが厳しいことを書いたのは、彼らを悲しませるためでも、苦痛を与えるためでもありませんでした。彼らが神に立ち返ること、正しい信仰の道に立ち返ることを望んでいました。

そのために、悩みながら、涙ながらに手紙を書きました。そして書いた後も、心を悩ませました。しかし神が彼らを悔い改めに導いてくださいました。パウロが本当に願っていた結果を得ることができたのです。

このことを受けて、最後の一〇節でパウロは、二種類の悲しみを比較しています。「神の御心に適った悲しみは、取り消されることのない救いに通じる悔い改めを生じさせ、世の悲しみは死をもたらします」。

この世には、二種類の悲しみがあります。一つが「神の御心に適った悲しみ」、もう一つが「世の悲しみ」です。宗教改革者カルヴァンは、「神による悲しみとは、神をひたと見つめている悲しみのことであり、……また、神のさばきへのおそれにつよく動かされて、自分の罪をうめきなげくこと」だと言っています。それに対して「世の悲しみとは、人が地上の苦悩によって意気をくじかれ、悲しみによってうちひしがれること」だと言っています（『カルヴァン・新約聖書註解Ⅸ　コリント後書』一三二頁）。

「神の御心に適った悲しみ」とは、自分の罪のための悲しみです。罪を悲しみ、それは悔い改めに至ります。悔い改めとは、神の御前でなされるものです。それゆえ神が神として捉えられて初めて起こるものです。ですから悔い改めは、神への信仰そのものであり、それは人々を救いに導きます。

これに対して「世の悲しみ」には神はおられません。神とは関係なく、神に基づかない悲しみです。「世の悲しみ」は、心のとがめであり、起こってしまったことに対する深い悔いの思いです。しかし、神の御前で自分を問うのではありません。神ご自身に立ち向かうのではありません。あくまで人のレベルでの心の咎めであり、神への信仰にいたるものではありません。その結果、そこには救いはありません。

このように二つの悲しみの違いは、生ける神の御前における悲しみか、それとも神なしの悲しみかの違いであると言えます。神の前に立ち、神に立ち向かっての悲しみか、それとも神に背を向けた悲しみかの違いです。そして、神なしの悲しみには救いはありません。神を見つめて、どこまでも神の御前に立つ者こそ、救いに導かれるのです。

パウロが語るように、私たちの神は「気落ちした者を力づけてくださる神」です。その慰めを体験する者は幸いです。そのためには、「世の悲しみ」に留まっていてはいけません。神に向きを変え、神の御前に自らを問いつつ立つことが必要です。

「神の御心に適った悲しみは、取り消されることのない救いに通じる悔い改めを生じ」させます。神の御前に自らを問い、悔い改める者は幸いです。その時神は、必ず私たちを、後悔することのない道に導いてくださるのです。

七章一〇―一六節

交わりの回復

神の御心に適った悲しみは、取り消されることのない救いに通じる悔い改めを生じさせ、世の悲しみは死をもたらします。神の御心に適ったこの悲しみが、あなたがたにどれほどの熱心、弁明、憤り、恐れ、あこがれ、熱意、懲らしめをもたらしたことでしょう。例の事件に関しては、あなたがたは自分がすべての点で潔白であることを証明しました。ですから、あなたがたに手紙を送ったのは、不義を行った者のためでも、その被害者のためでもなく、わたしたちに対するあなたがたの熱心を、神の御前であなたがたに明らかにするためでした。こういうわけでわたしたちは慰められたのです。

この慰めに加えて、テトスの喜ぶさまを見て、わたしたちはいっそう喜びました。彼の心があなたがた一同のお陰で元気づけられたからです。わたしはあなたがたのことをテトスに少し誇りましたが、そのことで恥をかかずに済みました。それどころか、わたしたちはあなたがたにすべて真実を語ったように、テトスの前で誇ったことも真実となったのです。テトスは、あなたがた一同が従順で、どんなに恐れおののいて歓迎してくれたかを思い起こして、ますますあなたがたに心を寄せています。わたしは、すべての点であなたがたを信頼できることを喜んでいます。

一〇節でパウロは二つの悲しみを比較しました。
「神の御心に適った悲しみは、取り消されることのない救いに通じる悔い改めを生じさせ、世の悲しみは死をもたらします」。
「神の御心に適った悲しみ」と「世の悲しみ」があります。これらの悲しみは、その悲しむ人を異なったゴールに導いていきます。「神の御心に適った悲しみ」は、人を真の悔い改めに導いて救いに至らせます。しかし「世の悲しみ」は、人を死に導くのです。

聖書に登場する「世の悲しみ」の代表は、イスカリオテのユダと言えるでしょう。彼は主イエスを、お金と引き換えに売り渡したことを深く悔いました。主イエスを裏切ったことを深く後悔しました。しかし、その悲しみの中から、本気で神を見つめることも、神に祈ることも、叫ぶこともしませんでした。彼は絶望して自らの命を絶つことしかできませんでした。

ユダの例から分かるように、悲しみや憂いそれ自身が悔い改めなのではありません。良心の呵責それ自身が悔い改めなのではありません。自己嫌悪が悔い改めなのではありません。そこから、神を見上げて、神に立ち向かうのでなければ、悔い改めは生まれません。

それゆえ「神の御心に適った悲しみ」とは、「神を見つめながらの悲しみ」なのだと言えます。神の前における自分を悲しむこと、自分の罪を悲しむことです。そのような悲しみこそが、悔い改めであり、人を救いに至らせます。

「神の御心に適った悲しみ」の代表的例としては、旧約ではダビデ、新約ではペトロを挙げることができます。いずれも、その犯した罪の大きさ、悪質さは、イスカリオテのユダに勝るとも劣らないと言えます。しかし彼らは、単に自分のしたことを悔いたのではなくて、罪を認め、嘆いて、神の御前に悔い改めました。彼らはあくまで、神の御前に立ち続けました。

神を真に神とするか否かが、この二つの悲しみの大きな違いです。失敗をする、罪を犯す、打ちひしがれる、そういうことを私たちは避けることはできません。しかし問われるのは、その時に、神との関係がどうなるかなのです。神と離れようとするか、斜めに構えようとするか、それとも、いよいよ真剣に神の前に出る者となるかです。

聖書が語るのは、「神なしの悲しみ」には救いはないということです。そして、どんな中にあっても、神を見つめて、御前に立つ者こそ、救いに導かれるのです。

コリントの信徒たちは、「神の御心に適った悲しみ」をすることができました。具体的には、パウロが涙ながらに書いた厳しい手紙を読んで、悔い改めに導かれました。彼らはただ悲しんだだけではなく、悔い改めることができました。

パウロは一一節で、このコリントの信徒たちの悲しみが、そのような悲しみであったことを証明するために、その結んだ実を列挙しています。悔い改めが結んだ実として、七つのことを挙げています。

第一が「熱心」です。この熱心とは、自分たちが苦しめ、不当な扱いをしたパウロに対する熱心、パウロに対する暖かい温情を表しています。

第二は「弁明」です。パウロのための弁明だと思われます。彼らはパウロを愛し慕い、パウロのために力を尽くす者となりました。

第三は「憤り」です。パウロに対して不正を為した人に対する憤りとも考えられますが、ここはむしろ、自分たちがパウロを真剣に擁護しなかったという、自分たちの不明に対する憤りのことだと思われます。彼らは、過去の自分たちの過ちを思い起こして、自分たちに対して憤りを覚えたのです。

第四は「恐れ」です。神に対する恐れ、神の裁きに対する恐れのことです。

第五は「あこがれ」です。これはパウロを愛し慕う思い、パウロとの交わりを回復したいと切望する思いです。神に対する恐れが、神に対する正しい態度ですが、神に対して正しい態度が取れる時、人に対しても正しい姿勢を持つことができます。神への恐れを感じた彼らは、今度はパウロとの関係改善への熱心を持ちました。

第六は「熱意」です。これは信仰生活を本気で生きようとする熱意のことです。コリントの信徒たちは、罪の悔い改めも、神への信仰も、そこそこでよいと思っていました。あまり罪を深刻に考えたりせず、信仰生活もそこそこの熱心さでよいと思っていました。信仰のゆえに、社会生活で自分が損となることがない程度の熱心さでよいと思っていました。ぬるま湯の信仰がちょうどよいと思っていました。

しかし、彼らはそこから変わりました。熱い信仰に変わりました。あいまいに誤魔化して、自己正当化する信仰ではなく、神の御前における真実を求める、熱心な信仰になったのです。

最後の七番目が「懲らしめ」です。これは「処罰」とも訳すことができますが、要するに、パウロを侮辱した人に対して、コリント教会が処罰を行ったということです。

一一節の後半に「例の事件」という言葉があります。この事件が何を指すか、確実なことは言えないのですが、おそらく、パウロがコリント教会を訪問した際に、特定の者が彼をひどく侮辱した事件を指していると思われます。

その時、コリントの信徒たちは、パウロを守り、擁護することをしませんでした。さらにパウロがコリントを去った後も、この事件のことは曖昧のままにされました。パウロの権威と人格を侮辱した人の罪がそのまま放置されていました。

しかしパウロの涙の手紙を受けて悔い改めたコリントの信徒たちは、このパウロを侮辱した人物の処分を行いました。その人を戒規に付すという、毅然とした行動をとったのです。

そのことによって、一一節の後半にあるように、彼らは「自分がすべての点で潔白であることを証明」しました。それまでは、彼らは罪を罪とすることを曖昧にしていました。しかし、悔い改めに導かれた彼らは、この事件に対して毅然とした行動をとったのです。それを聞いてパウロは、「彼らはこの事件に関して、すべての点で潔白であることを証明した」と理解を示しているのです。

パウロはここで、コリントの信徒たちが悔い改めの実を結んだことを、具体的に数え上げました。悔い改めとは、実を結ぶものです。「悔い改めた」と言っても、心の中だけのことで、外に現れないならば、それはここでパウロが言っているものとは違うと言わなければなりません。

悔い改めとは、決して、心の操作や心の工夫のことではありません。単なる心持ちのことではありません。悔い改めとは「神の御心に適った悲しみ」のことです。神の御前における自分の姿を知って、自分を悲しむことです。そしてそこから、神に向かうこと、神に向けて方向を変えることです。

そこで、神からの光に照らされて、神からの力を与えられて、実を結んでいきます。それが真の悔い改めです。コリント教会にはそれが起こりました。それが起こったことが、その実に表れていたのです。

一二節でパウロは改めて、自分が書いた手紙の目的を明らかにしています。「ですから、あなたがたに手紙を送ったのは、不義を行った者のためでも、その被害者のためでもなく、わたしたちに対するあなたがたの熱心を、神の御前であなたがたに明らかにするためでした」。この手紙とは言うまでもなく、厳しい内容を伴った「涙の手紙」のことです。パウロはその手紙の中で、彼に対して不義を行った者に対する処罰を求めました。そして実際に、この手紙によって、不義を行った者の処罰が行われ、また被害者であるパウロの名誉回復もなされました。

しかしパウロはここで、この手紙の真の目的は、処罰や名誉回復そのものにあったのではない、と言います。パウロの真の目的は、コリントの信徒たちの悔い改めと霊的回復にありました。

パウロはここで、あの手紙の目的は「わたしたちに対するあなたがたの熱心を、神の御前であなたがたに明らかにするためでした」と述べています。「わたしたちに対するあなたがたの熱心」とは、コリントの信徒たちが悔い改めて、パウロたちの権威と教えを認め、交わりが回復することを意味していると言えます。一〇節に記されていたように、彼らは悔い改めて、パウロに対して熱心になりました。パウロに対する熱い思いを持つようになりました。

コリントの信徒たちが、悔い改めて、信仰の正しい道に戻り、パウロたちとの交わりが回復することと、それがパウロの真の目的でした。そのことを目指して、パウロは涙を流しながら、厳しい手紙を書きました。単に処罰と名誉回復を求めたのではありません。具体的な処置だけが問題なのではありません。具体的処置はもちろん大切でした。しかしその背後にある、霊的問題、信仰こそが問題の本質でした。パウロの手紙は、彼らの霊的回復を目指すものであったのです。

パウロはここでそのことを明らかにしています。特定の人への処罰や、自分の立場の弁護が真の目的ではありません。コリント教会という群れの霊的状態が、パウロの最大の関心でした。罪を曖昧にし、神の真理を曖昧にしているコリントの信徒たちが、神に喜ばれる方向に向きを変えること、それがパウロの主要な関心事だったのです。

自分の名誉より重要なのは、群れの霊的状態でした。そのためにパウロは、彼らが反発して関係が断絶する危険性を感じながらも、意を決して、愛を込めて、厳しいことを書きました。自分のためではなく、群れのために、群れの霊的健康のために、どうしても言わざるを得ないと決心して、手紙を書いたのです。

それが効を奏して、コリントの信徒たちは導かれて、その実を結ぶことができました。ですからパウロは、一三節の前半で、「こういうわけでわたしたちは慰められたのです」と述べています。

コリント教会は、このようにして、信仰の純粋さと情熱を回復しました。それは、パウロが涙と共に書いた手紙を、神が用いてくださったからです。パウロはその手紙が、どのように受け取られるかに、本当に気を病んだのですが、まさに目指していた結果が与えられました。ですから彼は今、本当に、慰めを感じていると述べているのです。

続く一三節後半から一六節には、この「涙の手紙」を持ってコリント教会に派遣されたテトスのことが述べられています。テトスは、パウロの記した「涙の手紙」を持ってコリント教会に派遣されたのですが、単に手紙を持って行っただけでなく、大いなる苦心と忍耐を持って、事件の処理に当たったのだと思われます。そしてコリントの信徒たちが悔い改めて、霊的に回復したことによって、テトス自身も大きな喜びを与えられました。一三節後半にはこうあります。

「この慰めに加えて、テトスの喜ぶさまを見て、わたしたちはいっそう喜びました。彼の心があなたがた一同のお陰で元気づけられたからです」。

テトスはコリントの信徒たちによって元気づけられました。ここは「安らぎを与えられた」「休息を与えられた」と訳すこともできます。心に安らぎが与えられたのです。テトスは、コリントの信徒たちの愛によって喜びを与えられ、そのテトスの喜びが、今度はパウロを喜ばせました。続く一四節にはこうあります。

「わたしはあなたがたのことをテトスに少し誇りましたが、そのことで恥をかかずに済みました。それどころか、わたしたちはあなたがたにすべて真実を語ったように、テトスの前で誇ったことも真実となったのです」。

テトスを派遣するにあたり、パウロは彼に対して、コリント教会のことを少し誇ったと述べています。これは驚くべきことと言わなければなりません。パウロは、コリントの信徒たちによって傷つけられたのです。もう少し強く言うならば、裏切られたと言ってもよいかもしれません。およそ正当性のない批判にさらされたパウロを、彼らは擁護しませんでした。だからパウロは、涙を流しながら手紙を書いたのですが、それは決して彼らに対する信頼を失ったがゆえではありませんでした。誇った内容が何であるか定かではありませんが、おそらく、コリントの信徒たちの信仰と愛を誇ったのでしょう。コリント教会はこの手紙をしっかり受け止めて、問題を解決できる、そういう群れであると誇ったのでしょう。

そういう言葉とともに、パウロはテモテを派遣しました。ですから、もし、コリント教会がパウロの言ったことと違えば、彼は恥をかくところでした。しかしパウロは恥をかかずに済んだのです。

宗教改革者カルヴァンも、「このことはまさに、心にとどめておくべき」ことだとして、次のように述べています。

「自分の愛する者たちを真向から責めつけながらも、かれらになお希望を託し、他人にもかれらのことを、期待を寄せるにたる者として推薦するこの論述こそ、まっすぐな・やさしい心の持ち主をよくあらわすものである。このようにパウロが、その心の廉直と柔和をはっきり示したため、かれらの方も心動かされ、かれほどの人から出てきたものをわるく受けとるようなことは絶対しないようになったのであった」（『カルヴァン・新約聖書註解Ⅸ　コリント後書』一三八頁）。

傷つけられてもなおパウロは、コリントの信徒たちを信頼していました。その信仰と愛を信じていました。ですからそれをテモテに誇りました。その思いは、手紙を通して、またテモテを通して、彼らに伝わったのでしょう。カルヴァンの解釈で言うならば、そのパウロの心の姿勢が、コリントの信徒たちの心を動かしたのです。

パウロは決して、責めるために責めたのではありませんでした。相手をひざまずかせ、屈服させるために責めたのではありませんでした。もしそうであったならば、コリントの信徒たちがそれを受け入れることはなかったでしょう。

愛のない責める言葉は、人を頑なにするのみです。しかしパウロの言葉は、愛に裏づけられた厳しい言葉であったがゆえに、コリントの信徒たちの心を動かしました。彼らはあるべき信仰と愛に立ち返ることができたのです。

さらに一五節では、パウロと出会ったテトスの様子が述べられています。

「テトスは、あなたがた一同が従順で、どんなに恐れおののいて歓迎してくれたかを思い起こして、ますますあなたがたに心を寄せています」。

コリントの信徒たちは、テトスを「恐れおののいて歓迎して」くれました。テトスはパウロの代理として派遣されたのですから、彼らのテトスに対する態度は、パウロに対する尊敬の思いを表現していると言えます。パウロに与えられている神からの権威を彼らは受け入れ、従順になりました。それはパウロに対する従順というよりも、神に対する従順と言うべきでしょう。コリントの信徒たちは、悔い改めて、神への従順に立ち返りました。そのコリントの信徒たちの姿を思い起こして、テトスはますます彼らに心を寄せていました。

こうした一連の出来事を受けて、パウロは最後に一六節でこう述べています。

「わたしは、すべての点であなたがたを信頼できることを喜んでいます」。

コリントの信徒たちに対する、パウロの全幅の信頼の言葉です。「すべての点であなたがたを信頼できる」とパウロは言います。パウロが切に望んでいた結果を得ることができて、パウロは本当に喜びました。今や、コリント教会のことについて、安心して、全幅の信頼を寄せることができました。真の意味で、パウロとコリント教会との交わりは回復したのです。

これまで学んできたコリントの信徒への手紙二の一章から七章には、コリント教会の状況、またその信徒たちとパウロとの関係が主に述べられていました。その全体の結論、ゴールが、この一六節であると言ってよいでしょう。この全幅の信頼に立って、八章から新しい問題が取り上げられるのです。

パウロがコリント教会のことを喜ぶことができたのは、コリント教会が健やかな教会であることを回復し、証ししたからだと言えます。ではその「健やかな教会」のしるしとは、何なのでしょうか。

第一に、悔い改める教会であったことです。コリント教会は、神の御心に適った悲しみのうちに悔い改めることができました。自分たちの罪を処置することができました。罪を曖昧にせずに、悔い改めることができました。

第二に、伝道者を元気づけ、働き人に安らぎを与える群れであったことです。大きな課題を担って派遣されたテモテを、コリント教会は本当に元気づけ、励ますことができました。彼に真の安らぎを与えることができました。働き人を元気づけることができる群れであることが、健やかな教会の一つのしるしです。

第三に、喜びと慰めを共有する群れであることです。コリントの信徒たちの霊的な回復が、テトスの喜びとなり、テトスの喜びがパウロの喜びとなりました。また、テトスが教会から受けた安らぎが、パウロの慰めになりました。このように、キリストを信じる共同体の中にあっては、一人の喜びが他者の喜びとなり、一人の安らぎが他者の安らぎとなります。そのような喜びと慰めの共同体であること、それが健やかな教会のしるしです。

悔い改める群れ、働き人を元気づける群れ、そして喜びと慰めを共有する群れ、それが「健やかな教会」のしるしです。そして教会が健やかである時に、教会を通してイエス・キリストが証しされていきます。

私たちはそのような、教会を目指すのです。そして群れを通して、イエス・キリストを証ししていくのです。

八章一―七節

自発的な施し

兄弟たち、マケドニア州の諸教会に与えられた神の恵みについて知らせましょう。彼らは苦しみによる激しい試練を受けていたのに、その満ち満ちた喜びと極度の貧しさがあふれ出て、人に惜しまず施す豊かさとなったということです。わたしは証ししますが、彼らは力に応じて、また力以上に、自分から進んで、聖なる者たちを助けるための慈善の業と奉仕に参加させてほしいと、しきりにわたしたちに願い出たのでした。また、わたしたちの期待以上に、彼らはまず主に、次いで、神の御心にそってわたしたちにも自分自身を献げたので、わたしたちはテトスに、この慈善の業をあなたがたの間で始めたからには、やり遂げるようにと勧めました。あなたがたは信仰、言葉、知識、あらゆる熱心、わたしたちから受ける愛など、すべての点で豊かなのですから、この慈善の業においても豊かな者となりなさい。

コリントの信徒への手紙二は、一章から七章までが第一部、八章九章が第二部になります。一章から七章に記されていたのは、コリント教会の状況と、その信徒たちとパウロとの関係でした。パウロとコリントの信徒たちの間には、いろいろ難しい問題も起きたのですが、最終的には、交わりを回復することができました。

第一部の最後の言葉である七章一六節でパウロは、「わたしは、すべての点であなたがたを信頼できることを喜んでいます」と述べています。全幅の信頼の言葉です。今やパウロは、コリントの信徒たちに全幅の信頼を寄せることができました。そこでパウロは、この信頼に立って、中断していたエルサレム教会に対する献金の問題を取り上げていきます。

エルサレム教会は、大変貧しい教会でした。教会が貧しいというよりも、集まっていた信徒たちが大変貧しかったのです。その原因の一つは大きな飢饉が起こったことです。使徒言行録一一章二八節によれば、それはクラウディウス帝の時に起こりました。そこでアンティオキア教会が、ユダヤに住む兄弟たちに援助の品を送ったことが、使徒言行録に記されています。

ユダヤ教は、基本的に大変組織的な献金を行っていました。組織化された献金はユダヤ教の一つの習慣でありました。献金は、神殿やそれに仕える働き人のためだけではなく、貧しい人のためにもなされました。貧しい人々を献金で支えるのは、ユダヤ教の一つの伝統でした。しかし、キリスト者になった人たちは、当然その対象から外されました。その援助にあずかることができませんでした。それが、エルサレム教会が非常に貧しかったもう一つの原因です。

使徒言行録一五章に記されているエルサレム会議は、異邦人キリスト者にユダヤ教の慣習を押しつける必要はないことを確認し、パウロとバルナバを異邦人に対する福音宣教者としました。ガラテヤの信徒への手紙二章には、この会議のことが記されていますが、それによれば、会議はパウロたちに対して、エルサレムの貧しい人たちのための献金を集めることを求めたようです（ガラテヤ二・一〇）。

コリントの信徒への手紙一、一六章一節にはこう記されていました。「聖なる者たちのための募金については、わたしがガラテヤの諸教会に指示したように、あなたがたも実行しなさい」。この記述から、パウロはコリントの信徒への手紙一を書く前にガラテヤの諸教会で援助を訴え、献金を集めていたことが分かります。

パウロは、コリントの信徒たちも、これに加わることを願っていました。コリントの信徒への手紙一、一六章一節から四節によれば、パウロが非常に積極的に、エルサレム教会の信徒のための募金に取り組むように働きかけているのが分かります。

実際に、コリント教会もこの献金に取り組みました。しかし、それは中断しました。その原因は、パウロとコリント教会との関係の悪化にあったと思われます。しかし、関係が修復し、交わりが回復されました。そこでパウロは改めて、この献金の業を成し遂げるように、コリント教会に命じているのです。

どうしてパウロは、これほどにエルサレム教会の信徒への献金に熱心だったのでしょうか。いくつかの理由を挙げることができます。

第一は、主の体である教会の一致を証しするためです。キリストによって、もはやユダヤ人も異邦人もありません。それが、パウロが宣べ伝えていたイエス・キリストの福音でした。イエス・キリストの福音は、隔ての壁を取り壊して、二つのものを一つとするものです。ユダヤ人も異邦人もなく、聖なる一つの神の家族となる。そのことを、実証的に証しするのがこの献金でありました。

またこの時期には、ユダヤ人キリスト者の教会と、異邦人教会が分裂する危険がありました。ユダヤ人キリスト者の中には、依然として異邦人に対する根深い偏見を持つ人たちがいました。両者の関係はますます離れつつありました。そこでパウロは、その分裂を回避するための具体的な愛の表明として、この献金を重視していました。

パウロがこの献金に熱心であった第二の理由は、純粋な愛の実践のためです。余分に持っている者は、たとえわずかであったとしても、持たない者に分け与えるべきだというのは、キリスト教の初歩的な教えでした。貧困の中にあるエルサレム教会の信徒たちを助けるのは、キリスト者として当然だとパウロは考えました。

第三の理由は、異邦人教会はエルサレム教会の霊的恩恵にあずかったのであるから、この教会を支えるのは異邦人キリスト者の義務だと考えたことです。ローマの信徒への手紙一五章でパウロはこう述べています。

「マケドニア州とアカイア州の人々が、エルサレムの聖なる者たちの中の貧しい人々を援助することに喜んで同意したからです。彼らは喜んで同意しましたが、実はそうする義務もあるのです。異邦人はその人たちの霊的なものにあずかったのですから、肉のもので彼らを助ける義務があります」(一五・二六—二七)。

福音はまずユダヤ人に与えられ、それから異邦人に提供されました。その意味でエルサレム教会は、福音の出発点と言えます。福音の恩恵に浴しているすべての教会は、エルサレム教会から多くの霊的賜物を引き継ぎました。異邦人教会はエルサレム教会から多くの霊的賜物を受けたのですから、それに感謝するのは当然です。ですからパウロは、この献金を義務だとさえ言います。この献金は、当然為されるべき感謝のしるしなのです。

以上のような理由で、パウロはエルサレム教会の信徒への献金に熱心に取り組んできました。そして今一度、コリントの信徒たちにも、これを訴えます。それがこの手紙の八章九章であると言えます。

八章一節から七節には、マケドニアの諸教会がこの献金にどのように取り組んだかが記されています。マケドニアとはギリシアの北部地域で、使徒言行録で知られている都市としては、フィリピ、テサロニケ、ベレヤの三つの都市を挙げることができます。パウロの第二回宣教旅行によって群れが生まれ、その後、相当数のキリスト者が集められていました。

そのマケドニアの諸教会は、この献金にどのように取り組んだのでしょうか。パウロは二節でこう言っています。

「彼らは苦しみによる激しい試練を受けていたのに、その満ち満ちた喜びと極度の貧しさがあふれ出て、人に惜しまず施す豊かさとなったということです」。

ここには、マケドニアの教会がどのような状況に置かれていたかが記されています。一つが「苦しみによる激しい試練を受けていた」こと、そしてもう一つが、「極度の貧しさ」の中にあったということです。

「苦しみによる激しい試練」とありますが、「苦しみ」という部分は「艱難」とも訳せます。また「激しい試練」というのは、単なる試練ではなくて、本物であるかどうかが検証されるような試練という意味です。偽者であれば、つまり真に神を畏れる信仰でないならば、そのめっきの皮がはがれてしまう、それほどの激しい苦難ということです。

マケドニアの教会の様子を知らせる聖書の記述は多くあります。使徒言行録一七章には、パウロがテサロニケとベレヤでどれほど激しい反対に遭ったかが記されています。またフィリピの信徒への手紙一章二九節、三〇節にはこうあります。

「あなたがたには、キリストを信じることだけでなく、キリストのために苦しむことも、恵みとして与えられているのです。あなたがたは、わたしの戦いをかつて見、今またそれについて聞いています。その同じ戦いをあなたがたは戦っているのです」。

フィリピの信徒たちも、迫害され、苦しめられていました。パウロと同じような戦いを強いられていました。このように、マケドニアの諸教会は、ユダヤ人からも、また異邦人からも激しい反対に遭っていたのです。

さらに彼らを苦しめていたのが「極度の貧しさ」でした。彼らは深刻な貧困の中にありました。一つの理由は、ローマ帝国がこのマケドニアの人たちを非常に苛酷に扱ったことです。重税が課せられていました。

その上に、キリスト者たちには、キリスト者であるがゆえの苦しみが加わりました。つまり、キリスト者であるという理由で、職を奪われたり、職に就けないということがありました。こうして、マケドニアのキリスト者たちは、まさに深刻な貧困の中にあったのです。

しかし驚くことに、彼らは喜びに満ちあふれていました。信仰の喜びに満ちあふれていました。それが「あふれ出て、人に惜しまず施す豊かさ」となりました。この「人に惜しまず施す豊かさ」と訳されている部分は、直訳しますと「豊かな純真」となります。「純粋な下心のない善意」にあふれたのです。その純真な豊かさのゆえに、彼らは積極的にこのエルサレム教会の信徒に対する献金に参加しました。信仰の喜びに基づく純真な心が、献金の実を結んだのです。

苦しみや貧しさに晒される時、通常人は、自分のことで精一杯になります。自分が苦しんでいる時は、自分の苦しみに心を奪われて、人のことに心は向きません。神に対する感謝も忘れて、むしろ不平を募らせます。自分は当然、援助される側、助けてもらう側だと考えて、他の人のことなど考える余裕がなくなります。

しかし、マケドニアの信者たちはそうではありませんでした。彼らは苦しみに耐え、その信仰は鍛錬されました。その時、彼らはそれまで以上の信仰の喜びに満ちあふれることができたのです。

苦しみや試練に遭うことなしに、信仰の喜びに満たされるということが果たしてあるのでしょうか。苦しみや試練を味わうことなしに、信仰が成長していくということが、果たしてあるのでしょうか。「絶対にない」とは言えません。しかし、聖書によれば、多くの場合、信仰者は試練や苦しみを通して成長していきます。

そして試練を経て生み出される信仰の喜びは、自分だけの喜びに留まりません。パウロは、そういう喜びが「純真さ」を生み出すのだと言います。純粋な心を生み出します。そしてその純真な心が、他者に対する真の思いやりとなるのです。

それゆえ、マケドニアの信徒たちにとって、大きな苦しみは無駄になるどころか益となりました。何の苦しみもない生活、楽な生活、豊かな生活の中から、本当の純真さ、純粋な心が生まれてくることはありません。むしろ、苦しみや試練の中でなお与えられる、キリストにある喜び、信仰ゆえの喜びこそが、私たちの心を純真なものとしてくれます。そこでこそ、本当の神の恵み深さを味わうからです。

マケドニアの信徒たちはそれを体験しました。ですから彼らは、彼らの置かれている状況からすれば考えられないような、献金を献げることができたのです。

三節、四節には、そのマケドニア教会の惜しみない愛がどれほどのものであったかが説明されています。

「わたしは証ししますが、彼らは力に応じて、また力以上に、自分から進んで、聖なる者たちを助けるための慈善の業と奉仕に参加させてほしいと、しきりにわたしたちに願い出たのでした」。

彼らはまさに「力に応じて、また力以上」の献げものをしました。パウロの予想をはるかに超えたような献金でした。それは決して、強いられたものではありません。マケドニアの信徒たちは自ら進んで、自発的に、エルサレム教会への献金を申し出たのです。

パウロはマケドニアの信徒たちの貧しさを知っていましたので、最初は、彼らに献げることを求めなかったようです。しかし彼らはこの献金ことを聞くと、自ら進んで参加させてほしいと懇願しました。彼らは強いられたのでもなく、勧められたのでもなく、自由意志によってこの献金に参加したのです。

四節でパウロは、このエルサレムの信徒たちへの献金のことを「慈善の業と奉仕への参加」と表現しています。新共同訳は少し意訳していますので、分かりにくいのですが、ここには献金についてパウロが用いている三つのキーワードが出ています。

第一に、「慈善の業」と訳されている言葉は、「恵み」（カリス）という言葉です。パウロはこの献金そのものを「恵み」と理解していました。この献金を受け取る人たちにとってだけ「恵み」だと言っているのではありません。献金を捧げること自体が恵みであり、特権だと言っています。

この一節から七節の間で、パウロは繰り返して献金のことを「恵み」（訳では「慈善の業」）と呼んでいます。迫害と貧困の中で、喜びに満たされて、自発的に熱心に献金をする。こういうことができるのは、神の恵み以外の何ものでもありません。

生来の人間の内側から、こういう生き方は生まれません。苦しみと貧困の中で、喜びに満たされること、さらには、他者に心を配って、愛の実を示すこと。それは、見えるものだけに囚われて、計算づくで生きる人間の姿とは程遠いものです。彼らは真の意味で神の恵みを知り、その喜びと自由に生きていました。ですから献金そのものが、神の恵みに他なりませんでした。

第二のキーワードは、ここでは「参加」と訳されているコイノニアという言葉です。これは、交わりにあずかることを意味します。彼らは献金に参加することによって、全教会的な交わりにあずかりました。全教会的な愛の交わりに加わったのです。

言うまでもありませんが、マケドニアの信徒たちはエルサレム教会の信徒たちのことを知りません。会ったこともありません。けれども、同じ信仰を共有していました。その彼らが苦しんでいることを知って、愛の交わりに加わったのです。

第三のキーワードは、「奉仕」と訳されている言葉、ディアコニアです。この言葉は、もともとは

「給仕してもてなす、召使が主人に仕える」ことを意味する言葉です。

パウロは献金を神への奉仕と考えました。キリスト者がなすべき奉仕と考えました。マケドニアの信徒たちは、神に対する信仰者の献身として、この献金を行ったのです。

このように、献金の意味は三つの言葉で言い表すことができます。それは「恵み」と「交わり」と「奉仕」です（カリスとコイノニアとディアコニア）。そのことからも明らかなように、献金の本質は経済的行為ではありません。慈善活動ではありません。マケドニアの信徒たちは、慈善活動としてエルサレム教会に献金したのではありません。

それはあくまで、信仰の行為、霊的な行為でした。「恵み」であり、「交わり」であり、「奉仕」でした。ですから、献金というのは、貧しいからできないとか、豊かだからできる、そういうものではありません。それはあくまで、神の御前における霊的行為であり、またそれ自体が神の恵みの御業なのです。

五節の御言葉がそのことをさらに明らかにしています。

「また、わたしたちの期待以上に、彼らはまず主に、次いで、神の御心にそってわたしたちにも自分自身を献げた」。

ここも解釈の難しいところです。「期待以上に献げた」というのは、マケドニアの信徒たちが、エルサレム教会への献金だけでなく、期待していなかった、パウロの生活費の援助までしてくれたことを指していると解することもできます（一一・九）。

しかしここは、エルサレム教会への献金の本質が何であったかを示していると解釈した方がよいでしょう。つまり、この献金の本質は、お金を献げることではなくて、彼らが自分自身を「主と使徒たちに献げること」にあったということです。

マケドニアの信徒たちの献金の本質は、彼ら自身を献げることにありました。ですから献金は、神に対する献身のしるしです。献金とは、お金を献げることではありません。何よりも自分を献げることです。自分を献げる意志のない献金は、献金ではありません。自分を献げるということ、自己奉献が、献金として現れるのです。献金は、神への献身があって初めて生まれ出るものだと言えます。

マケドニアの諸教会は、厳しい状況に置かれているにもかかわらず、神の恵みに満たされてエルサレム教会への献金に励むことができました。パウロはこの教会を模範とすることをコリントの信徒たちに求めています。

コリントにおける、エルサレム教会への献金活動を実際に始めたのはテトスのようです。それゆえ六節でそれをやり遂げるようにテトスに伝えたことが記されています。そして最後の七節で、コリントの信徒たちに献金を実行するように訴えています。

「あなたがたは信仰、言葉、知識、あらゆる熱心、わたしたちから受ける愛など、すべての点で豊かなのですから、この慈善の業においても豊かな者となりなさい」。

パウロはまずコリント教会に与えられている神の恩恵に目を向けさせています。「あなたがたは信仰、言葉、知識、あらゆる熱心、わたしたちから受ける愛など、すべての点で豊か」である。パウロはまず、コリントの信徒たちの霊的豊かさから語り始めます。自分たちに与えられている、神の霊的恵みに目を留めるところから始めるのです。

献身も献金も、ここからしか始まりません。経済的豊かさに目を留めるところから、献金が生まれるということはありません。お金を持っている人が、献金ができるのではありません。主によって恵まれている人が、献金ができるのです。

コリント教会は、マケドニアの諸教会ほど迫害されることはありませんでした。また経済的に比較的恵まれた人が多くいたようです。しかし、献金に熱心であったわけではありませんでした。

それはなぜなのでしょうか。それは彼らが、神の恵み深さを十分に知らなかったからです。福音による喜びを知らなかったのです。神との和解がもたらす恵みの大きさを、実感として十分に知ることがなかったのです。ですから、喜びにつながりません。献身につながりません。それゆえ、献げることにもつながりません。喜んで献げる行為に至らないのです。

パウロがここで改めて「あなたがたはすべての点で豊かだ」と語るのは、コリントの信徒たちがその豊かさに気づいていないからです。自分たちが持っているものが、神によって与えられたものであるということが、本当には分かっていませんでした。

ですから彼らは、すでにコリントの信徒への手紙一の四章（七、八節）でも指摘されていたように、自分で得たかのように誇る傾向を持っていました。自分で得たかのように誇って、高ぶる傾向を持っていました。しかしその場合、神との関係は明らかに歪んでいます。神が与えられたにもかかわらず、自分で得たと思っていました。神が与えられたことを知れば、そこから神への感謝も喜びも生まれるでしょうが、自分で努力して獲得したと思うならばそうではありません。それは自分のものだと考え、自分を誇らざるを得なくなります。ですから、「自分を誇る心」と「神への感謝」は相容れません。そこからは、神を喜ぶ思いも、献げる思いも生まれては来ないのです。

これに対して、マケドニアの信徒たちは、ただ神の恵みに生きていました。客観的な状況は、マケドニアの信徒たちのほうが、遥かに厳しいのです。しかし、彼らこそが、喜びと感謝と純真な心に生きていました。そしてまさに「受ける者ではなくて与える者」となっていました。

本当の幸いに生きていたのは、このマケドニアの信徒たちであったのは言うまでもありません。コリントの信徒たちは、見えるものに囚われすぎていました。地上のものに囚われすぎていました。それがなければ幸いになれないと思って、それにしがみつくことで、かえって不幸になっていました。それ神のことよりも人のことを優先すれば、結局、人間は自分を損なっていきます。それが聖書の教えることです。

本当の幸いは、神の恵みを受け止めて感謝と喜びに生きるところにあります。神への献身に生きることが、本当の幸いな生き方なのです。

八章八—一五節

主の貧しさのゆえに

わたしは命令としてこう言っているのではありません。他の人々の熱心に照らしてあなたがたの愛の純粋さを確かめようとして言うのです。あなたがたは、わたしたちの主イエス・キリストの恵みを知っています。すなわち、主は豊かであったのに、あなたがたのために貧しくなられた。それは、主の貧しさによって、あなたがたが豊かになるためだったのです。この件についてわたしの意見を述べておきます。それがあなたがたの益になるからです。あなたがたは、このことを去年から他に先がけて実行したばかりでなく、実行したいと願ってもいました。だから、今それをやり遂げなさい。進んで実行しようと思ったとおりに、自分が持っているものでやり遂げることです。進んで行う気持があれば、持たないものではなく、持っているものに応じて、神に受け入れられるのです。他の人々には楽をさせて、あなたがたに苦労をかけるということではなく、釣り合いがとれるようにするわけです。あなたがたの現在のゆとりが彼らの欠乏を補えば、いつか彼らのゆとりもあなたがたの欠乏を補うことになり、こうして釣り合いがとれるのです。

「多く集めた者も、余ることはなく、
わずかしか集めなかった者も、
不足することはなかった」

と書いてあるとおりです。

パウロは、マケドニアの信徒たちの献金を、模範としてコリントの信徒たちに示しました。七節で「あなたがたは、すべての点で豊かなのですから、この慈善の業においても豊かな者となりなさい」と命じています。神によってあらゆる点で豊かにされているのだから、あなたがたもこの献金に励むようにと命じました。

こう命じたパウロは、続く八節で、誤解が生じないように次のように述べています。「わたしは命令としてこう言っているのではありません。他の人々の熱心に照らしてあなたがたの愛の純粋さを確かめようとして言うのです」。

「この慈善の業においても豊かな者となりなさい」と命じたパウロが、すぐに「命令として言っているのではない」と言います。パウロはこの献金が、「自分の命令に対する服従」という形でなされてはいけないと考えていました。それはまさに、献金の性質に反することだからです。

献金は決して「命令」とそれに対する「服従」としてなされてはいけません。献金の精神は、命令への服従から生じるものではありません。パウロはここで、命令したのではありません。模範を示して勧めたのです。模範を示す、また模範に倣うということは、献金を初め、信仰生活にとって非常に重要なことです。

私たちが具体的にどのように献金をすべきなのか、また、具体的にどのように信仰生活を送ったらよいのか。社会人として職場でどう信仰者として生きるべきなのか、また信仰者として家庭をどのように形成したらよいのか。それを考える時に、模範を持つというのがとても大切です。自分がああなりたいと思うような信仰の先輩を持つことは、信仰の成長にとってある意味で決定的に重要だと言えます。そういう人の具体的な信仰生活のあり方を見て、それを真似るのです。どのような献金生活をしているか、職場でどのように過ごしているか、家庭でのあり方はどうなのか、そういうことを真似るのです。そのまま真似るということでなかったとしても、それを一つの規範として考えるのです。

具体的な模範を持たない、また真似るということなしに、信仰が成長するのは、なかなか難しいと言わなくてはなりません。信仰生活というのは具体的なものです。抽象的なものではありません。ですから具体的なモデルが必要です。

私自身を振り返ってみても、具体的な信仰者との出会いやその生き様によって、多くの影響を受けてきたと思います。インパクトを受けて、意識的にかまたは無意識的にも、真似るということがあったと思います。もちろん、すべての面で模範となる人などいません。しかし、すぐれている信仰者の具体的なあり方にいつも啓発されて、生きてきたように思います。

それが私にとって、本当に幸いでした。模範となるような信仰者を持たないことは不幸です。あのようになりたいと願うようなモデルを持たないことは不幸です。その場合結局、信仰をいかに具体化したらよいのか分からずに、模範にならないものを模範とすることに陥ってしまうからです。

パウロにとって、マケドニアの諸教会はまさに良いモデルでした。彼らは、信仰の喜びを知っている人たちでした。捧げる喜びを知っている人たちでした。パウロはその人たちを指し示します。そして彼らに倣うことを勧めます。

パウロは八節の後半で、この献金によって「あなたがたの愛の純粋さを確かめようとして」いると言っています。これは決して、悪意を持って、愛が本物かどうかを試そうとしているという意味ではありません。

むしろパウロが願っているのは、彼らがマケドニアの信徒たちの姿に励まされて、自分たちもそれに負けてはならないという愛の熱心が引き起こされることでした。パウロは、コリントの信徒たちが、マケドニアの信徒たちの例に促されて、自分たちの真実な愛を示す機会にしてほしいと願っていました。

パウロにとって重要なのは、単なる経済行為としての献金ではありませんでした。お金を集めて送るということそれ自体は、さまざまな動機でも可能です。パウロが問題としたのは、彼らが純粋な愛に生きようとしているか否かでした。純粋な愛から献金が為されることが重要でした。

命令されてそれに従う、ということでは、それはもはや愛ではありません。自発的な愛によって、純粋な愛によって献金してほしい。それがパウロの切なる願いであったのです。

パウロは続いて、イエス・キリストの模範を取り上げます。純粋な愛の最善の模範は、イエス・キリストに他なりません。彼は九節でこう述べています。

「あなたがたは、わたしたちの主イエス・キリストの恵みを知っています。すなわち、主は豊かであったのに、あなたがたのために貧しくなられた。それは、主の貧しさによって、あなたがたが豊かになるためだったのです」。

「主は豊かであったのに、あなたがたのために貧しくなられた」。これは何を意味しているのでしょうか。ご存じのように、主は馬小屋に生まれられました。どんなに貧しくても、馬小屋で生まれる赤ちゃんというのは、ほとんどいなかったでしょう。それほど貧しい状況に主イエスは生まれられました。また主イエスが育てられたヨセフとマリアの家庭も、やはり貧しい家庭であったでしょう。また後に宣教活動をされた時も「人の子には枕するところもない」と自ら言われるような生活をされました。

主イエスの地上の生活は、貧しさに彩られていたと言えます。しかしパウロがここで言っている「主の貧しさ」というのは、そのことではありません。確かに主イエスは比較的貧しい生活をされました。しかし、当時のパレスチナの一般的なユダヤ人と比較して、特別に貧しかったというわけではありません。それゆえ、パウロがここで言っている「主の貧しさ」とは、経済的貧困のことではありません。

ここで中心にあるのは、主イエスが人となられたこと、受肉のことです。「主は豊かであったのに、あなたがたのために貧しくなられた」とは、何よりもキリストが人となられたことを意味しています。ヨハネによる福音書一章にあるように、キリストは、「初めに神と共にあられた」お方でした。「万物はこの方によって成った」と言われるお方でした。世が造られる前から父なる神のもとにおられて、栄光に満ちておられたお方でした。まさに、三位一体の第二位格としての神であられました。

「主は豊かであられた」とは、神の永遠の御子としての栄光に満ちておられたことを意味しています。しかしその御子が人となられたのです。私たちと同じ「人」となられることによって、神の御子として満ち満ちていた豊かさを捨てて、貧しくなられました。

この八章九節の内容の解説として最もふさわしい御言葉が、フィリピの信徒への手紙二章六節から八節だと言えます。そこでパウロはこう記しています。

「キリストは、神の身分でありながら、神と等しい者であることに固執しようとは思わず、かえって自分を無にして、僕の身分になり、人間と同じ者になられました。人間の姿で現れ、へりくだって、死に至るまで、それも十字架の死に至るまで従順でした」。

キリストは神の身分であられ、神と等しい者でありました。しかし、自分を無にして、人間と同じ者になられました。これが「貧しくなられた」ということです。

キリストの貧しさは、この受肉に留まるものではありません。キリストが人となられたのは、十字架の死を成し遂げるためでした。罪ある人間の身代わりとして、キリストは十字架につけられて、命を献げられました。キリストの貧しさは、この十字架上の犠牲の死によって完成したと言えます。

キリストは神であられたにもかかわらず人となり、さらに、罪人のために十字架の上で死なれました。神の栄光に満ち満ちておられた方が、その神としての栄光を捨てられたのみならず、罪人に課せられる罰を受け容れられました。

神との愛の交わりに生きていたお方が、神の怒りと呪いを受けられました。神であられる方が人となられ、さらには罪人の立場に立たれ、十字架の死さえ受けられたのです。ここに、主イエスの決定的な貧しさがあります。

では、主イエスはなぜこのように貧しくなられたのでしょうか。パウロは九節後半で「それは、主の貧しさによって、あなたがたが豊かになるためだったのです」と述べています。「あなたがたが豊かになるため」とは、端的に言えば「救い」のことです。主イエスの貧しさは、私たちの救いのためです。私たちが神の怒りと呪いから解放されて、神との交わりが回復し、その豊かさのうちに永遠に生きるものとされる。そのような祝福に私たちがあずかることができるために、主イエスは「貧しくなって」くださったのです。

ですから、私たちの救い、私たちの祝福には、大きな代価があります。まさに私たちは、代価を払って買い取られた者たちです。主イエス・キリストの十字架の犠牲によって、私たちは富む者となりました。永遠の豊かさに生きる者となりました。そのことを忘れてはなりません。代価を払って買い取られました。つまり、愛されて、富む者とされたのです。だから、愛を受けた者として、愛に生きるようにとパウロは勧めています。その愛を、具体的な献金として表すことを期待しているのです。

一〇節以下で改めてパウロは、このエルサレム教会への献金についての意見を述べていきます。一〇節に「この件についてわたしの意見を述べておきます。それがあなたがたの益になるからです」とあります。

パウロはここで、エルサレム教会への献金は「あなたがたの益になる」と述べています。エルサレム教会に献金をして、なぜそれがコリントの信徒たちの益になるのでしょうか。将来の見返りが期待できるからでしょうか。それとも、神が献げた分だけ報いてくださると考えているからでしょうか。

そうではありません。一節から七節にもありましたが、パウロは繰り返して、献金そのものを「神の恵み」と理解していました。ですから、神を知らない人は、真の意味で献金することはできません。神の恵みを知らない人は、献金することはできません。献金を単なる経済行為として考えるならば、献げる人は損をするわけです。たくさんするほど損をする。自分のものが減るからです。それがなぜ、益と言えるのでしょうか。

ここではやはり、富というものが持つ力と誘惑を考えないわけにはいきません。人は誰でも、富を持つとき、それを蓄え始めるとき、一つの誘惑に駆られます。それは、富が自分を支えてくれると考える誘惑です。富により頼もうとする誘惑です。そしていつの間にか、自分を支えてくれるはずの富に、自分が支配されて、奴隷になってしまうということが起こります。

神に支えられて、自由に神に仕えるのがキリスト者の生き方です。しかし、富の誘惑にかかれば、富により頼んで、富に支配されてしまうことが起こります。献金は、ある意味で、その富の誘惑と支配から私たちを守る、神の恵みの手段だと言えるでしょう。

霊的な行為として、献金をする。つまり、私たちが与えられているものを、本気で神からのものとして受け止めて、感謝と献身のしるしとして献金をするのです。

主イエスは「人は、神と富に兼ね仕えることはできない」と言われました。富の奴隷にならないためには、本気で神に仕えるしかありません。それゆえ、どれだけ霊的に誠実なものとして献金しているかが問われます。私たちは、自分のものの一部を献金するのではありません。すべては神のものです。与えられているものです。管理を任されているのです。そのことを真実に受け止めて、感謝と献身のしるしとして献金をする。それが、私たちの霊的健やかさにとって、ある意味決定的な意味を持ちます。

富に心を支配されてしまわないためにも、献金の誠実さは大切です。パウロが繰り返して述べているように、献金はまさに「神の恵み」に他ならないのです。

ではその献金を、具体的にどのようにすればよいのでしょうか。一一節、一二節から、二つの規準を見出すことができます。

第一は、一一節に「進んで実行しようと思ったとおりに」とあるように、「そうしようと願う意志に従ってする」ということです。一二節では「進んで行う気持ち」とあります。つまり、強制されてではなく、快く献げようとする思いに従ってすることです。

すなわち、信仰による意志、信仰による熱意に従ってすることです。信仰的な意志と熱意によって献金する。これが何よりも大切です。献金は、神に献げるものですから、信仰なくして献げることはできません。

第二は、一二節にあるように「持たないものではなく、持っているものに応じて」献げることです。資力に応じて、能力に応じて献金することです。マケドニアの信徒たちは、三節にあったように「力に応じて、また力以上に」献げました。しかしパウロはコリント教会に対して「力以上に」献げなさいとは言いません。神に導かれて「力以上に」することはすばらしいことです。しかし、勧めるべきことは「力に応じて」ということです。献金は、金額の大きさが問題ではありません。神の御前に問われるのは、献げる人が、「持っているものに本当にふさわしい献金」をしているかということです。

献げることは、資力に応じてなされるべきです。ですから、非常な無理をしてなされるべきではありませんし、逆に、自分の経済生活に全く影響を与えないような、いわば痛くもかゆくもないような額の献金ではいけません。聖書の規準は、与えられたものの十分の一をまず献げるということです。それを基準に、信仰による意志をもって行うべきです。

主イエスは、貧しいやもめがレプトン銅貨を二枚献金するのをご覧になって、「この貧しいやもめは、だれよりもたくさん入れた」と言われました。それはこのやもめが、ひたすら神のことを考えて献金したのを見ておられたからです。彼女はこのわずかの献金において、自分自身を献げました。そしてそれこそが、主イエスが喜ばれる献金でありました。

献金は、与えられているところに従って献げればよいものです。その際大切なのは、本当に神に向かって、誠実に献げるということなのです。

パウロは一三節から一五節で、エルサレム献金のもう一つの意義として、「神の民として釣り合いを取る必要」を挙げています。一方に富んでいる豊かな神の民がおり、他方には飢えに苦しんでいる神の民がいる。そういう状態をパウロは不適当と見なします。しかし、だからと言って教会が所得の再分配をすべきだと言っているのではありません。焦点はここでも、愛の純粋さだと言えるでしょう。

パウロは一五節で、出エジプト記の御言葉を引用しています。シナイの砂漠で、イスラエルの人々がマナを拾い集めた時、「多く集めた者も、余ることはなく、わずかしか集めなかった者も、不足することは」ありませんでした。余分に集めて、朝までとっておいたマナは、虫がついて臭くなりました。自分のために蓄え、自分のために豊かになろうとする者は祝福されませんでした。

荒れ野では、神の摂理によって、人々の必要がふさわしく満たされました。パウロはこれを取り上げて、今度は、神の民の愛によって、互いの必要が満たされるようになることを求めています。神の民は、飢えや危険にさらされている神の民に無関心でいてはいけません。愛の純粋さを示す必要があります。キリスト教会は、長い歴史の中で、とりわけ献金を通してそれを行ってきました。献金は、愛を具体化する霊的行為としての側面があることを忘れてはなりません。

このように、献金はまさに神に対する信仰の行為、霊的行為です。ある先輩牧師が、「信仰生活の健やかさは献金に表れる」と言われていました。その通りだと思います。

献金は、イエス・キリストが貧しくなられて、自らを献げてくださったその愛に応答する行為です。主は私たちが豊かになるために、貧しくなられました。その主の愛にこたえて、誠実に自らを献げつつ「献金」に励む。主に対する誠実こそ、最も主が喜ばれるものなのです。

八章一六―二四節

教会の奉仕者たち

あなたがたに対してわたしたちが抱いているのと同じ熱心を、テトスの心にも抱かせてくださった神に感謝します。彼はわたしたちの勧告を受け入れ、ますます熱心に、自ら進んでそちらに赴こうとしているからです。わたしたちは一人の兄弟を同伴させます。福音のことで至るところの教会で評判の高い人です。そればかりではありません。彼はわたしたちの同伴者として諸教会から任命されたのです。それは、主御自身の栄光と自分たちの熱意を現すようにわたしたちが奉仕している、この慈善の業に加わるためでした。わたしたちは、自分が奉仕しているこの惜しまず提供された募金について、だれからも非難されないようにしています。わたしたちは、主の前だけではなく、人の前でも公明正大にふるまうように心がけています。彼らにもう一人わたしたちの兄弟を同伴させます。この人が熱心であることは、わたしたちがいろいろな機会にしばしば実際に認めたところです。今、彼はあなたがたに厚い信頼を寄せ、ますます熱心になっています。テトスについて言えば、彼はわたしの同志であり、あなたがたのために協力する者です。これらの兄弟について言えば、彼らは諸教会の使者であり、キリストの栄光となっています。だから、あなたがたの愛の証しと、あなたがたのことでわたしたちが抱いている誇りの証しとを、諸教会の前で彼らに見せてください。

パウロは八章一節から一五節で、エルサレム教会の貧しい信徒たちへの献金の勧めを記しました。一六節以下では、この献金のためにコリント教会に派遣する三人の人物が紹介されています。この一六節から二四節は、ある意味で、この三人の推薦状だと言うことができます。

パウロにとって、このエルサレムの信徒のための献金は、特別な意味を持っていました。一九節の後半を見ていただきますと、「主御自身の栄光と自分たちの熱意を現すようにわたしたちが奉仕している、この慈善の業」と記されています。この言葉は、この献金の目的をパウロの視点から述べたものと言えます。

第一にそれは「主御自身の栄光のため」でありました。イエス・キリストの福音は、ユダヤ人と異邦人との隔ての壁をなくすものです。エフェソの信徒への手紙にあるように「キリストは、双方を御自分において一人の新しい人に造り上げて平和を実現し、十字架を通して、両者を一つの体として神と和解させ、十字架によって敵意を滅ぼされ」ました（二・一五―一六）。それによって、ユダヤ人も異邦人も、聖なる民に属する者、神の家族となり、共に建て上げられていく神の神殿となりました。異邦人とユダヤ人との和解と一致が、福音によって実現します。それによって、主の栄光が現されます。その両者の新しい関係を象徴するのが、この献金でした。ですからこの献金は、「主御自身の栄光のため」なのです。

第二に、この献金はパウロの熱意を現すためのものでありました。現実には、異邦人キリスト者の教会と、ユダヤ人キリスト者の教会の間には、不信感と対立がありました。分裂の危機さえありました。しかしパウロは、両者がキリストにあって一つであることを真剣に追求しました。この献金はそのために重要でした。ですからパウロは熱意を持って取り組んだのです。

パウロはこの献金を、異邦人キリスト者の信仰の証しにしたいと願っていました。これによって、ユダヤ人キリスト者たちが異邦人キリスト者に対して持っていた偏見が拭い去られることを期待していました。そして教会の一致が生まれる。それがパウロの熱い願いであったのです。

しかし現実には、コリント教会での献金はかなり難しい仕事でした。これまでも見てきたように、パウロとコリントの信徒との間には、しばしば難しい問題が起きました。パウロに対する不信が高まったり、非難がされたりしました。そのため、他の教会に先がけて始められていたこの献金も、中断していたのです。

確かにパウロが涙をもって厳しい手紙を書いたことによって、交わりが回復しました。信頼関係が回復しました。しかし、これまでのことを考慮すれば、パウロはかなり慎重にならざるを得ませんでした。そういう中で、献金のことで人を派遣するのですから、パウロは細心の注意を払おうとします。

教会における献金の取り扱い、お金の取り扱いは、このパウロが置かれていたような状況でなかったとしても、やはり細心の注意が求められます。私たちはパウロの心遣いから、教会におけるお金の取り扱いの指針を見出すことができます。

その原則となる御言葉が、二〇節と二一節です。二〇節にこうあります。

「わたしたちは、自分が奉仕しているこの惜しまず提供された募金について、だれからも非難されないようにしています」。

パウロが心がけていた第一の点は、この献金のことで、誰からも非難されることがないようにしていたことです。「非難される」と訳されている言葉は、「軽蔑される、嘲られる、嫌疑をかけられる」などの意味があります。口語訳聖書はこの部分を「人にかれこれ言われるのを避ける」と訳しています。

諸教会から集めたお金をまとめて持っていくのですから、それなりの金額になったと思われます。そこでは、とにかく疑われることのない明朗さが必要でした。この献金は、異邦人教会とユダヤ人教会の関係にとって、きわめて重要なものでしたので、その管理が不正の告発によって損なわれることがあってはならなかったのです。

お金の問題は、とかく誤解や非難を受けやすいものです。それゆえパウロは、非常に気を使い、本当に慎重に振る舞っています。この愛の業に、嫌疑や非難が及ばないようにしています。

このことは、教会における会計のあり方、献金の取り扱いについても言えることです。教会会計は、非難されることがない明朗さが求められます。教会だから、もっと人を信頼して任せたらよいではないか、と言われることがあります。もとより信頼は大切です。信頼がなければ、牧師も役員も働くことはできません。

しかし、信頼することが、事柄の不明朗さにつながってはいけません。とりわけ、お金の問題はそうです。むしろ、信頼されているがゆえに、細心の注意を払う必要があります。また牧師は、教会ではやはり、ある権威と力を持ってしまう存在ですから、教会のお金を扱うべきではありません。

一般原則となるもう一つの言葉が二一節です。

「わたしたちは、主の前だけではなく、人の前でも公明正大にふるまうように心がけています」。

パウロは、この献金の扱いにおいて、神の前にも、人の前にも公明正大であることに心がけました。教会におけるお金の取り扱いは、神の前に公明正大であるだけでなく、人の前にも公明正大である必要があります。

教会において献金に携わる人、主の御用に当たる人は、まず神の御前に自らが公明正大であることが求められます。神の御前に、良心的に恥じない奉仕をする必要があります。これが根本的に重要です。

しかしこれだけでは不十分です。会計の取り扱いは、神の御前だけではなくて、人の前にも公明正大でなければなりません。人に疑われたり、非難されるところのないように行う必要があります。つまり、教会におけるお金の取り扱いは、人間社会一般の道徳水準にもかなうものである必要があるのです。

「神の前にも、人の前にも公明正大であることを心がける」。これは、教会のお金の管理のことだけではなく、教会の営み全般にも当てはまることです。また教会だけでなく、個々人の信仰生活全般にも当てはまると言えます。

教会における信仰の営み、また信仰生活というものは、神の前だけに潔白であれば、人の前にどう映ろうと、それはどうでもよいというものではありません。もちろん、信仰生活においては、人々からどう思われようとも妥協できない点があります。福音そのものがもっている躓きもあります。真実に主に従っていこうとする時、誤解を受けたり、非難されたりすることは避けられません。それは当然のことです。

しかし、そうであったとしても、信仰生活は神だけに配慮すればよいのであって、人への配慮など不必要であるというわけにはいきません。なぜなら、私たちの信仰生活は、教会の中だけのものではないからです。むしろ信仰生活は、この世の中での生活においてなされます。家庭や職場や学校という、日常生活の場こそが、私たちが信仰生活をするところです。そこでは、主を知る人たちよりも、知らない人たちと共に過ごすことが多いでしょう。

ですから、神への配慮だけでなく、当然、人への配慮も必要となります。むしろ、神の御前における公明正大さと、人に対する公明正大さが、切り離されないことが求められます。神の前にも、人の前にも恥じることのない歩みが、信仰の歩みだと言えるのです。

宗教改革者のカルヴァンは、ここで、アウグスティヌスを引用してこう述べています。

「よい名声をさげすむ者は、心があさましいのである。わたしたちにとって、隣人の前にあってよい名声を得ることは、神の御前に正しい良心を持つことにまさるともおとらず、必要なことだからである」(前掲書、一五六頁)。

隣人の前に良い名声を得ることは大切だとカルヴァンは言います。人々から信用される者となることは大切です。そうでなければ、どうして私たちが信じているイエス・キリストの福音に、人々が関心を向けるでしょうか。信用されない人の信じているものを、どうして人々がそれを知りたいと思うでしょうか。良い名声を得ること、人々から信用されることは、福音宣教のためにも必要です。ですから私たちは、「神の前にも、人の前にも公明正大であることを心がける」必要があるのです。

以上のように、パウロは献金の扱いに対して細心の注意を払いました。そのための具体的手段として、彼はこの献金を扱う人として三人の人を派遣します。一人がテトス、そして一八節、一九節に記されている「一人の兄弟」、さらに二二節に記されている「もう一人の兄弟」です。

この献金が、人の前でも公明正大さを保つために、パウロは、複数の人間をこの奉仕にあずからせようとしました。一人に任せようとはしません。教会のお金を、一人に任せることをしてはいけません。

そして選ばれた三人ですが、テトスは二三節にあるようにパウロの同志でした。「同志」と訳されている言葉は「共にあずかる者、共同参与者」という意味の言葉です。神の恵みに共にあずかり、神の奉仕に共に携わる者ということです。まさにパウロの右腕として、働いた仲間でありました。

二二節に出てくる「もう一人の兄弟」も、「わたしたちの兄弟」とあるように、パウロと個人的に親しくしていた兄弟でありました。名前がありませんから、誰であったかは不明ですが、この書き方から明らかなことは、この人はパウロと親しい彼の有能な助け手でありました。おそらく、テトスが最初にコリントに行った際に同伴した者だったのでしょう。二二節に「今、彼はあなたがたに厚い信頼を寄せ、ますます熱心になっています」とありますから、彼は明らかに、以前コリントを訪れたことがあり、交わりを持ったことがありました。会ったことがなければ、「厚い信頼を寄せる」ということはありません。おそらく、テトスと共にコリントに行ったことがあるパウロの助手でした。

このように、テトスとこの兄弟は、いわばパウロと共に働く一団の人物でした。パウロの仲間でした。その信頼が置ける自分の仲間に、この献金の奉仕を任せようとしたのは理解できることです。

しかしパウロは、彼らだけに任せようとはしませんでした。もう一人の兄弟を同伴させました。それが一八節、一九節に紹介されている人物ですが、この人はパウロと共に働く一団の人物ではありません。いわば外部の人です。おそらくマケドニアの教会に属する人でした。

この献金を扱う担当者に、パウロは自分の仲間だけではなく、外部の奉仕者を加えました。ここにも、パウロがこの献金について非難が起きないように、細心の注意を払っていることが分かります。テトスとパウロの助手の二人を派遣するだけでは、問題があるのです。

二人はいずれもパウロの同労者です。パウロの身内のようなものです。とすれば、いくら複数の人で扱っていると言っても、パウロに対して疑いを持つ人たちを満足させることはできないでしょう。この二人だけでは、疑わしく思われる危険性がありました。

ですからパウロは、外部からもう一人の人を同伴させました。この人はいわば、パウロから独立していた人です。しかし彼は、「教会で評判の良い人であり、かつ、諸教会から任命された人」でありました。直接的な協力者ではない、そのような人に入ってもらうことによって、この献金が公明正大になされることを確かなものにしようとしたのです。

常に共に働く者同志であれば、どうしてもお互いのしていることを甘く見てしまう傾向があります。しかし、お金の問題に関しては、それが危険なのです。ですから教会においても、監査というものが必要です。外部からの目をもって、会計をチェックする人がいて初めて、会計は公明正大さを保つことができます。これは教会にとっても、大事なことです。

しかし、制度を整えることが最も重要なことではありません。パウロはこのエルサレム教会への献金が、非難されることがないように心を配っているのですが、最も大切なことは、お金を複数で扱う、また外部の人を入れるという制度そのものではありません。一番大切なことは、ふさわしい人がこれに携わるということでした。では、どんな人がふさわしいのでしょうか。

この三人の人物についてのパウロの紹介の言葉を読んで気づくことは、いずれも彼らが「熱心」な人たちだと言われていることです。熱心という言葉が、繰り返して出てきます。では、何に対する熱心でしょうか。

一つは、コリントの信徒たちに対する熱心です。一六節にあるように、テトスは、パウロと同じようなコリントの信徒たちに対する熱心を持っていました。また、二二節にあるように、パウロの助手である兄弟もそうでした。彼らは、信徒に対する熱心、熱い思いを持っていました。

さらにその熱心は、務めに対する熱心、奉仕に対する熱心です。一七節には、テトスが「ますます熱心に、自ら進んでそちらに赴こうとしている」とあります。二二節で紹介されている人物も同じです。彼らは、自分に与えられた務めを、本当に熱心にできる人たちでありました。

一八節、一九節に紹介されている、もう一人の兄弟も、その点は同じだと思われます。一八節にあるように、彼は「福音のことで至るところの教会で評判の高い人」でした。単に評判が高い人であったのではありません。この世的な名声を得ていたということではありません。「福音のことで」評判の高い人でした。福音宣教のために奉仕し、それによって高い評判を得ていた人でした。信仰と奉仕に、熱心な人であったのです。

パウロは、ここで献金の奉仕にあずかる人を推薦しているのですが、一番重視したのは「熱心さ」でありました。ある意味でパウロは、他の資質以上に「熱心さ」を重視していると言えます。信仰の熱心さです。福音についての熱心さです。信徒に対する熱心さであり、奉仕に対する熱心さです。その熱心のある人を、パウロはこの献金の奉仕者としました。

同様に、教会の役員にとってなくてはならない資質が、この「熱心さ」であると言えます。神への熱心さ、信仰の熱心さです。それゆえ、神への熱心、主イエスに対する熱心さのある人は、教会役員になるための一番大きな条件をクリアしていると言えます。

最後に、二四節の御言葉に目を留めておきたいと思います。

「だから、あなたがたの愛の証しと、あなたがたのことでわたしたちが抱いている誇りの証しとを、諸教会の前で彼らに見せてください」。

パウロは、派遣される三人の者を、コリントの信徒たちが快く受け容れてくれるように願っています。その彼らに「愛の証し」と「パウロがコリントの信徒たちに抱いている誇りの証し」を示してほしいと願っています。

「愛の証し」とは、派遣された彼らに愛を示すこと、さらには、献金を通してエルサレム教会への愛を示すことを意味しているでしょう。

「愛の証し」と「兄弟姉妹を誇りとする証し」が見出されるところに、健やかな教会の姿があると言えます。反対に、自分に対する愛を求めること、また、自分自身を誇ること、そういうものが教会にはびこるならば、その教会は病んでいると言えます。

自己愛ではなく隣人愛、また、自己を誇ることではなく、主にある兄弟姉妹を誇ること。つまり、教会において、主にある兄弟姉妹の存在を喜び、互いを喜び合うこと、それがまさに、イエス・キリストの教会のしるしです。

教会は、神の前にも、人の前にも、非難されるところがないものとして、整えられる必要があります。しかし、そのことが整えられれば、伝道が進むわけではありません。大切なのは、制度ではなくて人です。熱心に神に仕えて生きる人、そして、互いに愛し合う交わり。互いの存在を喜び誇る交わり。それが教会の命です。

私たちは、主に愛されて救われ、そして主に召されて、この教会に連なる者とされました。この教会がますます、主を証する教会であることができるように、信仰の熱心をもって励んでいきたいと願います。

九章一―七節

惜しまずに蒔く者は、豊かに刈り取る

聖なる者たちへの奉仕について、これ以上書く必要はありません。わたしはあなたがたの熱意を知っているので、アカイア州では去年から準備ができていると言って、マケドニア州の人々にあなたがたのことを誇りました。あなたがたの熱意は多くの人々を奮い立たせたのです。わたしが兄弟たちを派遣するのは、あなたがたのことでわたしたちが抱いている誇りが、この点で無意味なものにならないためです。また、わたしが言ったとおり用意していてもらいたいためです。そうでないと、マケドニア州の人々がわたしと共に行って、まだ用意のできていないのを見たら、あなたがたはもちろん、わたしたちも、このように確信しているだけに、恥をかくことになりかねないからです。そこで、この兄弟たちに頼んで一足先にそちらに行って、以前あなたがたが約束した贈り物の用意をしてもらうことが必要だと思いました。渋りながらではなく、惜しまず差し出したものとして用意してもらうためです。

つまり、こういうことです。惜しんでわずかしか種を蒔かない者は、刈り入れもわずかで、惜しまず豊かに蒔く人は、刈り入れも豊かなのです。各自、不承不承ではなく、強制されてでもなく、こうしようと心に決めたとおりにしなさい。喜んで与える人を神は愛してくださるからです。

八章でパウロは、エルサレムの信徒への献金について書き記しました。なぜこの献金が大切なのかということを記し、実際にこの献金に携わる人たちの紹介もしました。ある意味で、献金の勧告はこれで十分です。

ですからパウロは九章一節で「聖なる者たちへの奉仕について、これ以上書く必要はありません」と述べています。「聖なる者たちへの奉仕」というのが、このエルサレムの信徒たちへの献金を意味します。それについては、八章で十分に書いたので、本当はこれ以上書く必要はありません。

しかしそう言いつつパウロは、さらにこの献金の奨励を続けます。八章とは違う角度から、この献金のことをさらに訴えていきます。二節にこうあります。

「わたしはあなたがたの熱意を知っているので、アカイア州では去年から準備ができていると言って、マケドニア州の人々にあなたがたのことを誇りました。あなたがたの熱意は多くの人々を奮い立たせたのです」。

ここで「アカイア州」とあるのは、コリントの信徒たちのことを意味しています。コリントの信徒たちは、すでに昨年からこの献金に着手していました。コリント教会は非常に早く、それも熱心に、この献金に取り組みました。自発的にこの献金のことを問い合わせて、パウロからの指示を得ました。その指示がコリントの信徒への手紙一、一六章一節から四節です。つまり、この献金の開始は、コリント教会の方がマケドニアの諸教会より早かったのです。

それほどの熱意を持って、コリント教会はこの献金を始めました。パウロはその「熱意」を知っていました。そしてコリント教会のこの熱意が、他の教会の「多くの人々を奮い立たせ」ました。「奮い立たせた」と訳されている部分は、「鼓舞した」「刺激した」と訳すこともできます。コリントの信徒たちの献金の熱意が、多くの人たちを刺激しました。テサロニケ、フィリピなどのマケドニアの諸教会は、このコリント教会の熱心に刺激されて、彼らも献身的に献金に励むようになったのです。

八章に記されていたように、そのマケドニアの信徒たちの献金の姿が、模範としてコリント教会に伝えられています。コリント教会の熱心に動かされて献金に励んだマケドニア教会が、今度は逆にコリント教会の模範となって、コリントの信徒たちを刺激するのです。教会が相互に良い刺激を受ける関係が生まれています。互いを模範として高め合う関係です。

教会間の交わりというのは、その意味でも非常に重要だと言えます。キリスト教の信徒が孤立することが危険であるのと同様に、教会も孤立することは危険です。不健全な状態に陥ります。教会は交わりを持ち、情報を交換させることによって、互いに励まし合うことが大切です。

パウロはフィレモンへの手紙の中でもこう言っています。

「わたしたちの間でキリストのためになされているすべての善いことを、あなたが知り、あなたの信仰の交わりが活発になるようにと祈っています」（六節）。

一つの教会で、キリストのためになされている善いことが、他の教会・信徒たちに知られることによって、その相手方の教会の信仰の交わりが活発になります。これが高め合う関係です。励まし合う関係です。そのような関係を持つことが、教会の健やかさと健全な成長につながるのです。

パウロはそれを願っていました。そして実際に、コリント教会の熱意によって、マケドニアの教会が刺激を受け、今度はマケドニアの教会がコリント教会の模範となりました。そのような高め合う関係が生まれていたのです。

しかし、コリント教会では問題が起こりました。パウロに対する不信感が起こり、その関連で、このエルサレム教会への献金が中断してしまいました。

パウロとコリント教会との関係は、二章四節に記されていた「涙の手紙」をパウロが書くことで和解することができました。信頼関係を回復することができました。しかし、この献金がそれに伴って再開しているかどうかは分かりません。そこでパウロは八章後半に記されていた三人の人物を派遣します。彼らによって、献金を再開させ、完成に導こうとしたのです。

パウロはこのコリントの信徒への手紙二を、マケドニア州で書いています。コリントから帰ってきたテトスと出会い、コリント教会が「涙の手紙」を受け止めて、和解が成立したことを喜びました。その喜びの中で、パウロはマケドニアの信徒たちに対して、コリント教会のことを誇ったようです。コリントの信徒たちがどんなに早くから、熱心に、この献金に取り組んだかを誇ったようです。

しかし、パウロには不安がありました。コリントの信徒たちは、本当にあの献金を再開しているだろうかという不安です。いずれパウロは、このマケドニア州の人たちとコリントに行く予定にしていました。もしその時、コリント教会がその献金を用意していなかったとしたら、これは大変なことでありました。

三節、四節にはこう記されています。

「わたしが兄弟たちを派遣するのは、あなたがたのことでわたしたちが抱いている誇りが、この点で無意味なものにならないためです。また、わたしが言ったとおり用意していてもらいたいためです。そうでないと、マケドニア州の人々がわたしと共に行って、まだ用意のできていないのを見たら、あなたがたはもちろん、わたしたちも、このように確信しているだけに、恥をかくことになりかねないからです」。

もし、コリント教会が献金を用意していなかったとしたら、パウロがマケドニアの信徒たちに誇ったことは、無意味なものになります。空しいものになります。それどころか、パウロはまさに「恥をかくこと」になるのです。

パウロは、マケドニアの信徒たちに、コリント教会がどれほどの熱意を持ってこの献金に取り組んでいるかを語り、それを誇りました。しかし、実際にマケドニアの信徒たちがコリントに行った際、献金が集められていなかったならば、パウロの言ったことは偽りとなります。パウロは信用を失うでしょう。そして恥をかくのはパウロだけではありません。コリント教会にとっても恥です。コリントの信徒たちの評価も失墜します。

マケドニアの諸教会は、八章二節に書かれていたように、迫害され、さらに極度の貧しさの中にありながら、この献金に励んでいました。コリント教会の熱意に促されて、献金に励んでいました。しかしそのコリント教会の熱意がもはや失われていると知らされたら、どれほど失望・落胆するでしょうか。裏切られた思いになるでしょう。教会間の交わりそのものが、危機に瀕することも考えられます。

パウロはそのようなことを恐れました。ですから、あらかじめ三人の者を派遣しました。そして、パウロたちがコリントに着いた時には、彼らの献金をきちんと受け取れるように整えておきたいと思ったのです。

パウロのこうしたやり方を、皆さんはどう思うでしょうか。あまりに人間的で、作為的だと感じるでしょうか。ある意味ではその通りです。パウロは一生懸命、策を弄しているとも言えるでしょう。

パウロは物事が、ふさわしい形で、ふさわしいタイミングで整えられることに心を配っています。パウロと和解したのですから、コリントの信徒たちに、再びエルサレム教会への献金の思いがあるのは確かでしょう。しかし、仮に潜在的にその思いがあっても、実際にパウロたちが来て、彼らに促されてそれをしたのでは、証しとしての効果は半減します。その場合、マケドニアの信徒たちは失望します。

献金が為されるという結果は同じであったとしても、どのようにそれが為されるかもまた重要な意味を持っています。結果が同じなら、やり方はどうでもよいというのではありません。

教会で物事が為される時には、いつも、最も教会的な意味で建徳的に、証しになるように具体化することが大切です。パウロはまさに、そのことにも心を尽くしているのです。

パウロがいかに繊細な感覚を持っていたかが分かります。パウロのこういう行動について、「自分が恥をかきたくない」など、あまりに人間的ではないかと言われる場合もあります。しかし私は、人間的であることと、信仰的であることは、本来、対立矛盾しないのだと思います。むしろ、信仰に基づいて、人間的に対処することが大切です。「信仰、信仰」と言って、人間に対する目配りをせず、無計画であったり、行き当たりばったりではいけません。

信仰的であるとは、決して神に責任を押しつけて、人間の側が責任を負わないことではありません。信仰生活は、神に対する責任ある生活です。そして、人の前にも自己の責任を負っていく生活です。パウロにはその姿勢が読み取れるのです。

そこでパウロは、五節にあるように「この兄弟たちに頼んで一足先にそちらに行って、以前あなたがたが約束した贈り物の用意をしてもらうことが必要だと」考えました。

パウロの本心は、パウロもコリント教会も恥をかかず、彼らが献金を完了して、立派に信仰の証しを立てることでした。そのために、三人を派遣して、かつて約束していた献金を完了させようとしたのです。

パウロのきめ細かい配慮が目立ちますが、同時に、パウロのこの献金に対する熱意がよく表れていると言えます。パウロは決して、自分の名誉のために工作をしているのではありません。あくまで、教会のことを考えています。

パウロの信用が失墜することとは、教会にとって不幸なことです。またコリント教会に対する失望が広がることは、教会の交わりにとって不幸なことです。それを避けることが大切でした。

さらにこのエルサレム教会への献金の成功は、キリスト教会全体の将来にとって重要な意味を持っていました。ユダヤ人キリスト者と異邦人キリスト者の和解がかかっていました。また、エルサレムの信徒たちの貧困という現実の問題もありました。

パウロの熱意の背後には、教会の将来への思いと同時に、困窮している信徒たちへの愛という動機がありました。エルサレムの信徒たちへの愛であり、またコリントの信徒たちへの愛です。コリントの信徒たちが恥をかかず、信仰の証しを立てさせたいというのは、まさにパウロの愛でした。パウロの、あまりに人間的に思える行為の背後には、教会への愛がありました。愛のゆえに彼は、知恵を絞って、人間的とも言える最大限の配慮をしているのです。

しかし、この献金について、パウロは決して完了すればそれでよいと考えていたのではありません。彼は「献金は本物の献金でなければならない」と言います。五節の後半で彼はこう述べています。「渋りながらではなく、惜しまず差し出したものとして用意してもらうためです」。

「渋りながら」とは、いやいやながら、ということです。そうではなく、献金は「惜しまず差し出したもの」でなければなりません。「献金」という名にふさわしい献金を、パウロは期待しています。この部分は「貪欲としてではなく、祝福の贈り物として準備する」と訳すこともできます。この節から分かるように、献金には、心の戦いがあるものです。貪欲の問題、むさぼりの問題が、そこで問われるのです。

「貪欲としてではなく」とは、「貪欲の心がやっと手放した、というような贈り物ではなく」ということです。本当は献げたくない、自分のものにしておきたい。しかし、皆がしている手前、やらないわけにはいかないので献金する。そういう贈り物ではいけないということです。

パウロは、コリントの信徒たちが貪欲から解放されることを強く願っています。コリントの信徒たちは、基本的に経済的に恵まれていました。マケドニアの信徒たちやエルサレムの信徒たちに比べて、コリントの信徒たちは、比較的豊かな生活を送っていました。

それゆえに、彼らには貪欲の問題がありました。富や自分の持ち物にしがみつく傾向がありました。持ち物の欲から自由になれませんでした。パウロは、そこから彼らが解放されることを願っていたのです。

パウロは「貪欲としてではなく、祝福の贈り物として準備」してほしいと言っています。「祝福の贈り物」、すなわち、相手を祝福する心をもっての贈り物です。貪欲に囚われたら、それはできません。貪欲とは結局、生きて働かれる神を見失うところから生まれます。自分の将来を、生きて働かれる神への信頼の上に築くのではなく、自分の財や持ち物の上に築こうとすることです。

もちろん私たちは、神が与えてくださったものを責任を持って計画的に管理し、将来のために備えることが大切です。しかしそのことと、富や持ち物そのものに信頼し、その上に将来の安心を築くことは別のことです。その場合は、富そのものがその人の神となっているからです。

主イエスは言われました。「どんな貪欲にも注意を払い、用心しなさい。有り余るほど物を持っていても、人の命は財産によってどうすることもできないからである」（ルカ一二・一五）。またパウロは、コロサイの信徒への手紙の中で「貪欲は偶像礼拝にほかならない」（三・五）と述べています。

貪欲というものを、私たちは甘く見てはなりません。人間の欲望は、飽く事を知らないのです。そして、いつのまにかそれに支配されてしまうことが起こります。

献金において貪欲の問題が問われるということは、自分が何に信頼しているかが献金のたびごとに問われるということです。献金は、自分が獲得したものを献げるのではありません。神が与えてくださったものを、献身のしるしとして感謝して献げるのです。その信仰告白を伴う献金こそが、私たちに求められているのです。

五節の後半で、「渋りながらではなく、惜しまず差し出す」ことの大切さを訴えたパウロは、六節以下でさらにそのことを説明していきます。献金の基本的態度についての教えです。最後に六節を見ておきます。

「つまり、こういうことです。惜しんでわずかしか種を蒔かない者は、刈り入れもわずかで、惜しまず豊かに蒔く人は、刈り入れも豊かなのです」。

献金の基本的態度として、パウロがまず挙げているのは、豊かに与える、豊かに献げることの大切さです。パウロは、豊かに与えることに伴う祝福を、種蒔きを例として述べています。

種蒔きでは、多く蒔く者は多く刈り取り、少なく蒔く者は少なく刈り取ります。わずかしか蒔かなかったのに、多く収穫することはありません。多く刈り取るためには、多く蒔く必要があります。惜しんで蒔く者は、そこから刈り取るものもわずかです。受ける祝福は少なくなります。大きな祝福をいただきたいならば、喜んで与える者にならなければなりません。

「惜しまず豊かに蒔く人は、刈り入れも豊か」である。多く与える者は豊かに与えられる。これが神の法則です。霊的な法則だと言えます。霊的に本当に祝福されている人は、与えることの喜びを知っている人です。与える喜びを知らないで、霊的に恵まれているということはあり得ません。これはもちろん、献金のことだけではありません。奉仕において、またすべての生活において、積極的に献げて生きることが、真の祝福の道です。

私たちは、与えることの喜びをさらに知る者にさせていただきたいと願います。「受けるよりも与えるほうが幸いである」と主イエスは言われました。共に与える幸いに生きる教会でありたいと願います。

九章六―一五節

恵みに満ちあふれて生きる

つまり、こういうことです。惜しんでわずかしか種を蒔かない者は、刈り入れもわずかで、惜しまず豊かに蒔く人は、刈り入れも豊かなのです。各自、不承不承ではなく、強制されてでもなく、こうしようと心に決めたとおりにしなさい。喜んで与える人を神は愛してくださるからです。神は、あなたがたがいつもすべての点ですべてのものに十分で、あらゆる善い業に満ちあふれるように、あらゆる恵みをあなたがたに満ちあふれさせることがおできになります。

「彼は惜しみなく分け与え、貧しい人に施した。
彼の慈しみは永遠に続く」

と書いてあるとおりです。種を蒔く人に種を与え、パンを糧としてお与えになる方は、あなたがたに種を与えて、それを増やし、あなたがたの慈しみが結ぶ実を成長させてくださいます。あなたがたはすべてのことに富む者とされて惜しまず施すようになり、その施しは、わたしたちを通じて神に対する感謝の念を引き出します。なぜなら、この奉仕の働きは、聖なる者たちの不足しているものを補うばかりでなく、神に対する多くの感謝を通してますます盛んになるからです。この奉仕の業が実際に行われた結果として、彼らは、あなたがたがキリストの福音を従順に公言していること、また、自分たちや他のすべての人々に惜しまず施しを分けてくれることで、神をほめたたえます。更に、彼らはあなたがたに与えられた神のこの上なくすばらしい恵みを見て、あなたがたを慕い、あなたがたのために祈るのです。言葉では言い尽くせない贈り物について神に感謝します。

六節でパウロは、豊かに与えることの大切さを訴えました。けちけちしてわずかしか蒔かない者は、刈り入れもわずかです。多くの祝福を刈り入れたい者は、多く蒔く者にならなければなりません。多く与える者こそが、豊かに与えられます。

続く七節も、献金の基本的態度について教えている御言葉です。

「各自、不承不承ではなく、強制されてでもなく、こうしようと心に決めたとおりにしなさい。喜んで与える人を神は愛してくださるからです」。

ここには、献金の基本的態度として、四つのことが教えられています。

第一に、献金は「不承不承で」してはならないことです。不承不承とは、いやいやながらするということです。献金はいやいやながら、悲しい気持ちでしてはなりません。

献金の基本的態度の第二は、献金は強制されてはならないということです。献金は、外圧により、強いられてするということがあってはなりません。献金はいかなる意味でも強制されるべきものではありません。

むしろ、第三に挙げられるように、献金は「こうしようと心に決めたとおりに」すべきものです。

献金は、自発的であることが大切です。もちろん、聖書は献げ物の規準として、与えられたものの十分の一ということを示しています。この規準は、神が示しておられる規準ですから、尊重しなければなりません。

しかし、これも強制されてなされるべきではありません。この規準を大切にしつつ、一方で自分に与えられている立場や経済状態、さらには教会の経済状態などを考慮して、自分自身の信仰の決心としてふさわしい額を献げることが大切です。

献金にとって根本的に大切なのは、それを献げる人の心の姿勢、信仰の姿勢です。神は心を伴わない表面的な行為を好まれません。献金はあくまで、その人の存在の中核に根ざした、純粋で自由な決断でなければなりません。他の人の影響や、対面上仕方なしにするような献金は、本当の献げ物とは言えません。

献金は、誰の前に、どなたに対してするのかが問題です。献金は、生ける神の御前に、隠れたことを見ておられる神の御前にするのです。

献金の基本的態度の第四は、喜んですることです。「喜んで与える人を神は愛してくださる」とパウロは記しています。「喜んで与える」は「快く与える」と訳すこともできます。

聖書は、与える場合は、喜んで与えること、快く与えることの必要を強調しています。例えば、貧しい人への施しを命じた申命記の一五章にはこうあります。

「彼に必ず与えなさい。また与えるとき、心に未練があってはならない。このことのために、あなたの神、主はあなたの手の働きすべてを祝福してくださる」(一五・一〇)。

またローマの信徒への手紙でもパウロは「施しをする人は惜しまず施し」なさい、と命じています

(一一・八)。
喜んで与える人は、神から祝福が与えられていることを知っている人です。神の祝福を知らない人が、感謝して、喜んで与えることはできません。神の恵みが、自分に対して豊かであることを感謝して、それに答えて、喜んで与えようとするのです。

その意味で、神の恵みをしっかりと受け止めていることが、喜んで与えることの前提だと言えます。いやそれ以上に、神御自身が、豊かに私たちに与えてくださるお方であられることが前提です。

主イエスが言われたように、種も蒔かず、刈り入れもしない空の鳥を養っておられる天の父は、鳥よりもはるかに価値のある私たちを確実に養ってくださいます。また、栄華を極めたソロモンよりも美しい野の花以上に、私たちを豊かに装ってくださいます。

神御自身が、豊かに与えてくださるお方です。私たちは、神が与えてくださった恵みをしっかりと受け止めて、感謝して、喜んで与える者となる必要があるのです。

こうして六節、七節でパウロは、献金の基本的態度について述べました。惜しまずに豊かに、自発的に、喜んで献げるということです。続く八節から一〇節には、そのように献げる者への神の豊かな祝福が述べられています。献金に励む者に約束されている神の報い、祝福です。八節にこうあります。

「神は、あなたがたがいつもすべての点ですべてのものに十分で、あらゆる善い業に満ちあふれるように、あらゆる恵みをあなたがたに満ちあふれさせることがおできになります」。

八節の主文は「神は、あらゆる恵みをあなたがたに満ちあふれさせることがおできになります」です。パウロは惜しまずに与えよと勧めましたが、その前提は、神が恵みを満ちあふれさせてくださる方、豊かに与えてくださる方である、ということです。

神は、恵みと賜物に満ち満ちた方であられ、その神の豊かさの中で、人は豊かに与えられます。そして与えられた者が、今度は、満ちあふれることができます。

私たちは誰しも、満たされた歩みがしたいと願っています。あらゆる意味で豊かな生活がしたいと願っています。では、私たちが満たされた、豊かな歩みをするためにはどうしたらよいのでしょうか。

それは、自分がたくさんの物を持ち、お金を持ち、それが減らないようにすればよいのでしょうか。そうではありません。将来のためを思ってどんなにたくさんの財貨を持ったとしても、それが私たちの将来を本当に豊かにするわけではありません。

聖書は、本当の豊かさを与え、恵みにあふれるようにしてくださるのは、真の神だけだと語ります。八節にあるように、「神は、あらゆる恵みをあなたがたに満ちあふれさせることがおできになる」のです。神だけが本当の意味で、私たちにあらゆる恵みを豊かに与えることができます。逆に言えば、真の神以外にはそれはできません。

では、神は何のためにあらゆる恵みを与えてくださるのでしょうか。八節に「神は、あなたがたがいつもすべての点ですべてのものに十分で、あらゆる善い業に満ちあふれるように」とあります。つまり、神が恵みを豊かに与えられるのは「わたしたちがいつもすべての点ですべてのものに十分で、あらゆる善い業に満ちあふれる」ためです。「いつもすべての点ですべてのものに十分」とあるように、どんな時にも、どんなことにおいても、神は私たちを満ちたらせようとしておられます。

また神は、私たちが「善い業」に満ちあふれるようにしてくださいます。私たちは自分の力で善い業ができるようになるのではありません。喜んで神に従えるようになるのではありません。自分でがんばろうとするならば、失望するでしょう。しかし、神の恵みによって、それができるようにされていきます。善い業に満ちあふれることができるようになるのです。

善い業とは、要するに神に従うということです。そして、人間は本来、神と交わり、神に従う者として造られているのですから、善い業に満ちあふれることができるようになるとは、本当の意味で自分自身になる、自分自身を回復するということです。本来の自分を取り戻すということです。そこでまさに、本当の意味で満たされた者となるのです。

神は、私たちを真の意味で豊かにし、満たすことができるお方です。その神の豊かさの中で、喜んで献げる者が幸いなのです。

続く九節でパウロは、多く献げることの幸いを強調するために、旧約聖書の御言葉を引用しています。

「『彼は惜しみなく分け与え、貧しい人に施した。彼の慈しみは永遠に続く』と書いてあるとおりです」。

この引用は詩編一一二編九節です。「惜しみなく分け与え」とは、「いやいやながら与える」の反対です。貧しい人に喜んで与えた人に対して、神の慈しみは永遠に続きます。彼の正しい行為を、神は永遠に覚えておられるのです。

それゆえパウロは、改めて一〇節で、「多く与えられて、多く与える」という恵みの流れの中に生きるように勧めます。

「種を蒔く人に種を与え、パンを糧としてお与えになる方は、あなたがたに種を与えて、それを増やし、あなたがたの慈しみが結ぶ実を成長させてくださいます」。

「種を蒔く人に種を与え、パンを糧としてお与えになる方」が神です。この表現はイザヤ書五五章（一〇節）から取られたものですが、農夫に対して蒔く種を与え、その蒔かれた種を成長させて大きくし、蒔いた人に十分な収穫を与える、すなわち「パンを糧としてお与えになる」のはまさに神です。神は種を与え、それが蒔かれた時には、それを成長させ、さらに大きな収穫をその蒔いた人に与えられます。そういう神です。

それゆえパウロは、コリントの信徒たちも、そのような神の祝福にあずかってほしいと願いました。「あなたがたに種を与えて、それを増やし、あなたがたの慈しみが結ぶ実を成長させてくださる」とあるように、神が与えてくださった種を蒔くならば、神がそれを増やして、「慈しみが結ぶ実」「義の実」を結ぶようにしてくださいます。

与えられたものを、自分のものとして取り込むのではなく、喜んで献げて生きる時に、あらゆる恵みに満たすことができる神が、それらを用いて、大きくし、より大きな恵みによって報いてくださいます。しかし物惜しみして、けちけちすれば、神も少ししか、恵みを与えられません。

ここは、六節に記されていた神の法則、霊の法則が繰り返されていると言えます。「惜しんでわずかしか種を蒔かない者は、刈り入れもわずかで、惜しまず豊かに蒔く人は、刈り入れも豊かなのです」。

「受けるよりも与えるほうが幸いである」と語られた神は、実際に、喜んで与える者を大きく祝福してくださいます。これは献金のことだけではなく、奉仕やすべての生活にも当てはまります。多く献げる者は、すべてを満たすことができる現実の神の恵みを体験しながら、恵みから恵みへと成長することができるのです。

宗教改革者のカルヴァンもこう言っています。

「こうした恵与によって、あなたがたの財産はなんら減少するものではない。それどころか神は、その恵与があなたがたにかえってきて、さらに一だんと大きい恵みになって、溢れるようにしてくださるのである」(前掲書、一六三頁)。

感謝して大胆に神に献げ、そしてその神からの生ける恵みを多くいただく。そのような、神の恵みのダイナミズムにあずかる者は幸いです。

さて、このようにして献げられる献金が、教会に与える影響は何でしょうか。献金は教会に何をもたらすのでしょうか。それが一一節から一四節に記されています。四つのことが挙げられています。

第一に、献金は実際の必要を満たすことです。一二節前半に「この奉仕の働きは、聖なる者たちの不足しているものを補う」とあるように、パウロが訴えていた献金は、困窮していたエルサレム教会の信徒たちの不足を、実際に補うものでした。献金は当然ながら、教会の具体的必要を満たすものです。

しかし献金が教会にもたらすのは、具体的な経済的必要を満たすことだけではありません。パウロは二番目に、献金は神への感謝を生み出すものだと言っています。

一一節には「その施しは、わたしたちを通じて神に対する感謝の念を引き出します」とあります。この献金を受け取ったエルサレムの信徒たちは、ただ単に経済的援助を受けるだけでなく、また、献金してくれた相手に感謝するだけでなく、神への感謝に導かれるのです。

さらに一二節には「この奉仕の働きは、……神に対する多くの感謝を通してますます盛んになる」と記されています。

感謝は、実際に献金による援助を受けたエルサレムの信徒たちだけに限られるのではありません。コリントの信徒たちが献身的に献金をし、マケドニアの信徒たちが自分たちも困窮の中にあるにもかかわらず献金しました。それによって、エルサレムの信徒たちの不足が満たされました。そうなれば、エルサレムの信徒たちが喜ぶだけでなく、このことを伝え聞いた多くの教会を感謝で満たします。このようにして教会が支えあうことができたならば、教会全体が神への感謝にあふれるのです。

さらに、献金によって教会にもたらされる第三のことは、神への賛美を引き起こすことです。一三節にこうあります。

「この奉仕の業が実際に行われた結果として、彼らは、あなたがたがキリストの福音を従順に公言していること、また、自分たちや他のすべての人々に惜しまず施しを分けてくれることで、神をほめたたえます」。

この献金が実際に行われるとき、エルサレムの信徒たちは神をほめたたえます。神に栄光を帰す者とされます。それも、二つのことで、彼らは神をほめ讃えるとパウロは言っています。一つは、コリントの信徒たちのキリストの福音に対する告白の従順さを知ることによって。もう一つは、彼らの交わりの純真さを知ることによってです。

この献金を受け取るエルサレムの信徒たちは、この献金の背後にあるコリントの信徒たちの信仰の姿勢を感じ取ります。コリントの信徒たちの信仰が、本物であることを知って、神を賛美するようになるのです。

また、一三節に「惜しまず施しを分けてくれること」と訳されているところの直訳は、「交わりの純真さ」となります。教会の交わりが純真でまじりけがない。だから、惜しみない施しがなされるのです。そしてそれを知ったエルサレムの信徒たちが、神をほめたたえるのです。

何があれば、教会によって神の栄光が現されるのかがここに記されています。一つは、教会にキリストの福音に対する従順さがあることです。キリスト告白に対する従順さがあることです。もう一つは、教会の中に交わりの純真さがあることです。教会の交わりが、飾り物によって取り繕っているような交わりではなくて、単純素朴な、正直な、純真な交わりであることです。

この二つが教会にある時、教会は神の栄光を現すものとなります。イエス・キリストに対する真実な告白とキリストへの従順。これが第一に必要です。しかしこれでだけは、教会を通して、神が崇められるには不十分です。これに加えて、イエス・キリストを告白する者同士に、交わりの純真さがなくてはなりません。キリストに対する従順と、キリストを信じる者同志の純真な交わり。その二つの両立が必要です。その二つがある教会によって、神の栄光が現されていくのです。

献金が教会にもたらすものとして、三つのことを挙げました。第一はそれが具体的な助けとなること、第二は神への感謝を引き起こすこと、第三は人々を神に栄光を帰す者とすることでした。パウロはこれらに、さらにもう一つのことを付け加えています。それが一四節です。

「更に、彼らはあなたがたに与えられた神のこの上なくすばらしい恵みを見て、あなたがたを慕い、あなたがたのために祈るのです」。

献金を受けたエルサレムの信徒たちは、コリントの信徒たちを慕い、祈りの時に、彼らを覚えるようになることです。コリントの信徒たちを心から慕い、会いたいと思うようになるということです。当時、ユダヤ人キリスト者と異邦人キリスト者との間には、不信感と対立がありました。しかし、この献金によって、両者の間に新しい絆が生まれます。エルサレムの信徒たちは、コリントの信徒たちの内に働く神の恵みを見て、彼らを慕うようになります。彼らを兄弟として受け入れ、彼らのために祈るようになります。このように、この献金は、教会の交わりと一致を生み出していくのです。

献金そのものは確かに経済的行為です。しかし、これまで見てきたように、パウロはこれをまさに霊的行為と理解していました。そしてパウロがあれほどまでに、この献金に熱心であったことの背後には、彼の教会理解、教会観があったと言えます。

パウロは、教会をキリストの体と理解していました。ですから教会は一つであり、有機的に結びついています。「一つの部分が苦しめば、すべての部分が共に苦しみ」助け合うべきだと考えていました。教会に仕えていたパウロはいつも「一つ体なる教会」を具現化したいと願っていました。

この献金の大きな目的はそこにありました。教会がキリストの体であること、教会が真のイエス・

キリストの教会であることを具現化することに、彼の目的があったのです。

そして、パウロはこの献金全体の議論を一五節の言葉で閉じています。

「言葉では言い尽くせない贈り物について神に感謝します」。

パウロはこの手紙を書いているうちに、心が高揚して、今述べてきたような願いが、すでに叶えられたかのように思って、神に感謝しました。コリントの信徒たちが必ず、豊かな献金をし、それによって教会の一致が実現することを確信して、神に感謝しています。

多く与え、多く受ける。そして再び多く与える。そのような、神の約束に基づく、ダイナミックな祝福の流れの中に生きる。パウロはそのことを願い、また確信しています。

私たちもそのことを期待し、確信して、神への信仰に共に生きていきたいと願います。

一〇章一―六節

私たちの戦いの武器

さて、あなたがたの間で面と向かっては弱腰だが、離れていると強硬な態度に出る、と思われている、このわたしパウロが、キリストの優しさと心の広さとをもって、あなたがたに願います。わたしたちのことを肉に従って歩んでいると見なしている者たちに対しては、勇敢に立ち向かうつもりです。わたしがそちらに行くときには、そんな強硬な態度をとらずに済むようにと願っています。わたしたちは肉において歩んでいますが、肉に従って戦うのではありません。わたしたちの戦いの武器は肉のものではなく、神に由来する力であって要塞も破壊するに足ります。わたしたちは理屈を打ち破り、神の知識に逆らうあらゆる高慢を打ち倒し、あらゆる思惑をとりこにしてキリストに従わせ、また、あなたがたの従順が完全なものになるとき、すべての不従順を罰する用意ができています。

コリントの信徒への手紙二については聖書学者の間でさまざまな議論があるということを以前お話ししました。パウロがこの手紙を書いたことを疑う人はほとんどいません。しかし、この手紙がもともと一つの手紙であったのかということについては、かなり議論があります。その議論の焦点になっているのが、この一〇章から一三章の部分です。

一〇章から一三章は、一章から九章までと、論述の内容やその調子がかなり異なります。一章から九章は、ある安心感の中で、安堵と慰めの中で書かれています。パウロはその中で、コリントの信徒に対する深い信頼を表明しました。たとえば七章一六節でパウロは、「わたしは、すべての点であなたがたを信頼できることを喜んでいます」と述べています。

しかし一〇章から一三章では、そのような信頼感は影を潜めています。むしろ目立つのは、敵対者たちに対する直接的な反論です。そこには激しい自己弁護と、彼らに対する非難・攻撃があります。

このように手紙の調子や内容がかなり違うため、多くの聖書学者たちは、一章から九章までと、一〇章から一三章は別の手紙だと考えています。保守的な学者でも、そのように考えている者が少なくありません。

しかし、このようにコリントの信徒への手紙二は二つの手紙から成っていると考えている者の間でも、さらに論争があります。それは、一〇章から一三章が、一章から九章の手紙の前に書かれたのか、それとも後に書かれたのかで意見が分かれています。

最も穏健で、素直に受け止められる説は、一〇章から一三章は、一章から九章が書かれた時期より後に書かれたと理解するものです。パウロが一章から九章の手紙を書いた後、コリント教会の状態は再び悪化しました。パウロの敵対者たちが正面攻撃を仕掛けました。真正面からパウロの使徒職の有効性と真実性を否定しました。そして彼らは、コリントの信徒たちを自分たちの見解に従わせることに成功したのです。

パウロの敵対者とはどのような人たちだったのでしょうか。それはおそらく、コリント教会に侵入したユダヤ人キリスト者だと思われます。一一章二二節で「彼らはヘブライ人なのか。わたしもそうです。イスラエル人なのか。わたしもそうです。アブラハムの子孫なのか。わたしもそうです」とパウロが反論していることから分かるように、彼らは、自分たちがヘブライ人であること、イスラエル人であること、そしてアブラハムの子孫であることを誇りとしていたユダヤ人キリスト者でありました。つまり彼らは「ユダヤ的キリスト教」を主張する人たちであり、自分たちこそがキリストの使徒であると自認していた人々でありました。

その彼らによって、コリントの信徒たちは再び惑わされてしまいました。パウロの使徒職が疑われ、彼の権威が損なわれていました。パウロの使徒職が疑われることによって、彼が伝えたイエス・キリストの福音が歪められていました。

そのことをパウロは知りました。パウロの使徒職と、何よりもイエス・キリストの福音が危機に瀕していました。それゆえパウロは、強い決意を持って手紙を書きました。強力な自己弁護と敵対者に対する攻撃に踏み切りました。その手紙が一〇章から一三章なのです。

原文では一〇章の冒頭に「このわたしパウロが」という言葉があります。非難、攻撃を受けてきた「このわたしパウロが」自ら答える、というニュアンスです。パウロは自らの権威をかけた言い方をしています。そして、以下の勧告が特別に重要であることを印象づけています。

「このわたしパウロが、キリストの優しさと心の広さとをもって、あなたがたに願います」とパウロは語ります。パウロはひどい非難を受けていたのですから、心穏やかではなかったと思います。怒りや憤りがあったでしょう。しかしパウロは、「キリストの優しさと心の広さ」を忘れることはありませんでした。彼はキリストを思い起こし、キリストに倣おうと努めながら、コリント教会の信徒たちに勧告します。

この「優しさ」とは「柔和」とも訳せます。短気の反対です。頭に血が上って粗野な言動をすることの反対です。また「心の広さ」と訳されている言葉のもともとの意味は「適切である」「妥当である」ということです。真実に根ざす「穏やかさ」「温和さ」を持つということです。

キリストの内に見られるそのような「柔和」と「真実に根ざす穏やかさ」。それをパウロは、自分の言動の規準にしていました。非難を浴びせかけてくる相手に対して、優しさや穏やかさを求めるのではなく、まず自分自身が、キリストに倣うものでありたいと思いました。パウロの関心は、自分のふるまいによって、キリストの姿を現すことでした。パウロはあくまで、キリストの姿を思い起こしながら、それに倣うことを願いながら、コリントの信徒たちに勧告しました。

パウロに対してどのような非難が為されていたかを、一節、二節からうかがい知ることができます。第一の非難は、一節にあるように、パウロは「面と向かっては弱腰だが、離れていると強硬な態度に出る」、そういう者だという非難です。「弱腰」とは、ここでは「卑屈」とか「意気地がない」という意味でしょう。実際に会うと弱々しいということです。

この批判は、全く根拠がないものではありませんでした。コリントの信徒への手紙一の二章三節でパウロは「そちらに行ったとき、わたしは衰弱していて、恐れに取りつかれ、ひどく不安でした」と述べています。また、彼がコリント教会で特定の者からひどく攻撃された時、彼はおとなしく引き下がったようです。

しかし彼の書いた手紙は、堂々としており、威厳がありました。それでコリントの信徒たちは一〇章一〇節にあるように、「手紙は重々しく力強いが、実際に会ってみると弱々しい人で、話もつまらない」と言っていたのです。

このようにこの批判には、少なからぬ根拠がありました。人の目に映る姿から判断すれば、確かにそう言うこともできたかもしれません。しかし、パウロの敵対者たちはそれを悪意に解釈しました。つまり彼らは、パウロのことを、面と向かっては臆病でありながら、離れていて危険がない時には大胆を装う、卑怯な人間だと主張しました。二面性を持って、うまく使い分けている卑怯な人間だと言ったのです。

パウロに対してなされていたもう一つの非難は、二節にあるように、パウロは「肉に従って歩んでいる」という非難です。「肉に従って歩む」とは、生来の人間の考え、肉の思いのままに行動しているということです。彼らは、パウロは腐敗した罪の性質に支配されて生きている、パウロは決して霊的な人ではなく、世俗的な動機で行動している人だと言っていたのです。

パウロが肉に従って歩んでいるという非難は、根拠のないものでした。その意味でこれは、誹謗中傷のたぐいだと言えるでしょう。しかし、霊の人の行動が肉の人には理解されないことが多いことも確かです。パウロの優しさを、コリントの信徒たちはキリストの柔和に基づくものだとは見ず、単なる卑屈だと見ました。パウロの愛による忍耐を、彼らは単なるパウロの弱さだと見ました。パウロの牧会的な配慮を、彼らは、パウロは世俗的な動機で行動しているにすぎないと見たのです。

パウロの行動のすべてが悪意に取られ、非難にさらされていました。そこでパウロは、今度そちらに行った時には「勇敢に立ち向かうつもりだ」と明言しています。あくまでパウロに反抗し続ける者には、断固たる処置を取ることを言明しました。

しかしパウロは、二節の後半で「わたしがそちらに行くときには、そんな強硬な態度をとらずに済むようにと願っています」と付け加えています。パウロは、敵対し続ける者たちに対しては断固たる処置をすることを決心していました。しかし、コリント教会全体に対してそのような強硬な態度を取るようなことはしたくありませんでした。強硬な態度を取らなくてもよいように、彼らが目を覚まして、パウロとパウロが伝えた福音に対する従順に立ち返ることを期待していました。

福音に敵対し、人を惑わしている人々に対して、パウロは厳しく対処すべきという確信がありました。しかしコリント教会全体に対しては、そういう態度に出ないで済むことが彼の望みでした。コリント教会の信徒たちが、惑わしから目を覚まして、悔い改めることを期待していたのです。

パウロの願いは、コリント教会が本当の意味でイエス・キリストの福音にしっかり根ざした教会になることでした。そのために、今度の訪問の時には、強い処置を取らざるを得ません。強い処置を取ることは、やはり痛みを伴います。教会の中に悲しみをもたらします。しかし、教会がイエス・キリストの教会として聖さを保つために、また福音の純粋さを守るためには、そうせざるを得ない場合があります。しかしパウロの願いは、強硬な処置を取らざるを得ないその前に、彼らが自発的に悔い改めることでした。そのことをパウロは期待していたのです。

コリント教会には、パウロたちのことを「肉に従って歩んでいる」とする批判がありました。それに対する反論が三節以下に記されています。ここでパウロは、自らの生き方の原理を語っています。「わたしたちは肉において歩んでいますが、肉に従って戦うのではありません」。「わたしたちは肉において歩んでいる」とあるように、パウロもそして私たちキリスト者も、地上にある限り肉体を持って歩んでいます。人間としての肉体を持ち、それゆえの弱さや限界を担いつつ生きています。しかし、肉に従って生きているのではありません。

肉に従って生きるとは、端的に言えば「神なしで生きる」ことです。人間のことだけを考えて生きることです。この世は、神に逆らうこの世の原理に支配されています。この世には、神なしの価値観が支配しており、それが人間の生き方の規範となっています。それに従って生きるのが、肉に従って生きることです。

しかしパウロははっきりと、自分は肉において歩むが、肉に従って生きるのではない、と言います。肉体を持つがゆえの弱さを、彼は十分認識していました。また、罪の残滓を引きずり、罪の法則がなお、彼の内にあることも知っていました。しかし彼は、自らがもはやその罪の支配下にあるのではない、ということを確信していました。

イエス・キリストの救いによって、彼はその罪の支配から解放されました。そして新しい命の支配の中に、恵みの支配の中に移されていました。罪からの解放、罪からの自由が、イエス・キリストによって実現しました。パウロはその確信に立っていました。

ですからもはや、罪の原理が、肉の原理が彼を支配することはありません。肉に従って生きることはありません。神なしの、世俗の原理が、パウロの行動を規定することはないのです。

これは、キリスト者である私たちにも当てはまることです。イエス・キリストは、私たちを罪と死の支配から解放してくださいました。私たちは、命と恵みの支配の下に既に移されています。それゆえ私たちも、パウロと同じように、肉において歩んでいても、肉に従って生きることはできません。新しくされている者が、古い人の生き方に倣うことは、それ自身が矛盾です。新しいぶどう酒は新しい皮袋に入れなければなりません。

パウロは三節後半で、「肉に従って生きる」を「肉に従って戦う」と言い換えています。「生きる」を「戦う」と言い換えています。つまり、生きることは戦いなのです。生きることは誰にとっても戦いです。それは信仰のない人たちにとってもそうです。しかし、戦い方は異なります。肉に従って戦うか、それとも神に従って戦うかです。神なしの原理、すなわち、目に見えるものに従って戦うか、それとも、見えないものを見つめる信仰によって戦うかです。そして戦い方の違いは、戦いの武器の違いとなります。

四節にはこうあります。

「わたしたちの戦いの武器は肉のものではなく、神に由来する力であって要塞も破壊するに足ります」。

パウロは、私たちの戦い武器は肉のものではないと言います。肉による武器とは、人間的な知恵や賢さや、人間的な力のことでしょう。しかし、キリスト者の戦いの武器はそうではありません。キリスト者の戦いの武器は「神に由来する力」です。この世のものではなく、神による武器です。パウロは、霊的な戦いにおける武器について、他の書簡の中でも語っています。二つの御言葉を取り上げておきます。一つはテサロニケの信徒への手紙一、五章八節。

「しかし、わたしたちは昼に属していますから、信仰と愛を胸当てとして着け、救いの希望を兜としてかぶり、身を慎んでいましょう」。

もう一つは、エフェソの信徒への手紙六章一四節から一七節。

「立って、真理を帯として腰に締め、正義を胸当てとして着け、平和の福音を告げる準備を履物としなさい。なおその上に、信仰を盾として取りなさい。それによって、悪い者の放つ火の矢をことごとく消すことができるのです。また、救いを兜としてかぶり、霊の剣、すなわち神の言葉を取りなさい」。

パウロが戦いの武器として取り上げているのは、テサロニケの信徒への手紙では、信仰、愛、救いの希望です。エフェソの信徒への手紙では、真理、正義、平和の福音、信仰、救い、霊、神の言葉です。

どうでしょうか。これらが私たちの武器なのです。この世を生きることは戦いだと言いました。その戦いの武器がこれらです。およそ武器らしくないものばかりだと言わなくてはなりません。

要するに、戦いの武器とは信仰であり、信仰生活だと言うことです。御言葉と御霊によって神を礼拝する信仰生活を送る。それが、私たちの戦いを根源的に支えるのです。

この世的に見れば、キリスト教信仰など、吹けば飛ぶようなものに思えるでしょう。信仰生活など、無力な弱いものにしか見えません。そんなものを信じている人たちは、弱い愚かな人たちにしか見えないかもしれません。

「信仰」が生きる戦いの最大の武器だなどと言えば、この世の人たちの嘲笑を買うでしょう。しかし、信仰こそが、信仰生活こそが、私たちの戦いの武器なのです。パウロははっきりと、それは要塞も破壊するに足りると言っています。どんな敵の要塞も砕く力があります。この世的には、まったく無力のように見えたとしても、神を礼拝し、神に従う信仰には、強力な力があります。この世の戦いを戦い抜くための本当の力は、神を礼拝し、神を信じる信仰にこそあるのです。

私たちが、この世を生きていく上で、本当に頼りになるのは、肉のものではありません。目に見えるものではありません。もちろん神なしの価値観や知恵のすべてが無意味ではありません。しかし、根源的に私たちの生涯を、戦いの絶えない生涯を、根源的に支え勝利に導くのは、イエス・キリストに対する信仰に他なりません。

そして、パウロが戦いの武器として数え上げたように、そうしたものを用いた毎日の信仰生活こそが、私たちを守り、支えます。毎週の主の日の礼拝、そして毎日の信仰生活こそが、私たちを堅固にし、この戦いを勝利に導くのです。

敵対者たちが批判したように、パウロは、見た目は弱い存在でした。弱弱しく見えました。しかし、その無力と見える中に、強力な神の力が働いていました。パウロの戦いの武器は、肉の武器ではありませんでした。ですから、この世から見れば弱くしか見えませんでした。けれども、神が働かれる時、神による武器は要塞を破壊するものとなります。このように神の力は、人間の弱さの内に働くのです。

私たち人間は、通常、目に見える力を求めます。目に見えるストレートな力を求めます。権力であったり、財力であったり、腕力であったり、能力であったりです。富や地位に伴う力を求めます。しかし、神の力とはそういうものではありません。

神の力は、神への服従において働くものです。ですから、自らの力を求める生き方は、神に従う生き方ではありません。目に見える力を求める生き方、それに拠り頼む生き方は、神が喜ばれる生き方ではありません。

私たちは、自分の強さを求めるのではなく、キリストへの従順だけを求めるのです。それは「弱い姿」かもしれません。パウロがそうであったように、弱々しいとして見下されたり、非難されたりすることがあるかもしれません。

しかし、キリストへの従順を求める信仰者が、本当の意味で弱いということはありません。神は信仰者を自らの武具で装ってくださいます。そして肉の武器ではなく、神の武器で戦う者にこそ、本当の勝利が約束されているのです。

自分の強さを求めるのではなく、キリストに従う者こそが、本当の意味で、神の力に満ちることができます。そして、力強く生涯を歩むことができます。それが、神の私たちへの約束なのです。

一〇章四—一一節

造り上げるための権威

わたしたちの戦いの武器は肉のものではなく、神に由来する力であって要塞も破壊するに足ります。わたしたちは理屈を打ち破り、神の知識に逆らうあらゆる高慢を打ち倒し、あらゆる思惑をとりこにしてキリストに従わせ、また、あなたがたの従順が完全なものになるとき、すべての不従順を罰する用意ができています。

あなたがたは、うわべのことだけ見ています。自分がキリストのものだと信じきっている人がいれば、その人は、自分と同じくわたしたちもキリストのものであることを、もう一度考えてみるがよい。あなたがたを打ち倒すためではなく、造り上げるために主がわたしたちに授けてくださった権威について、わたしがいささか誇りすぎたとしても、恥にはならないでしょう。わたしは手紙であなたがたを脅していると思われたくない。わたしのことを、「手紙は重々しく力強いが、実際に会ってみると弱々しい人で、話もつまらない」と言う者たちがいるからです。そのような者は心得ておくがよい。離れていて手紙で書くわたしたちと、その場に居合わせてふるまうわたしたちとに変わりはありません。

キリスト者がこの世に生きることは戦いです。しかし、その戦いの武器はこの世のものではありません。神による武器です。神が与えてくださる武器です。それは、神の言葉であり、信仰であり、神礼拝です。そのような信仰生活こそが、私たちのこの世の戦いを支えます。信仰こそが、戦いの絶えない私たちの生涯を、本当の勝利に導きます。四節の後半以下に、具体的な戦いの姿が描かれています。

「わたしたちは理屈を打ち破り、神の知識に逆らうあらゆる高慢を打ち倒し、あらゆる思惑をとりこにしてキリストに従わせ」る。

四節前半で「神に由来する力が要塞を破壊する」と述べたように、パウロは、神に背を向けて生きている人間の心を「要塞」のイメージで描いています。神に背を向けている人の心は、開かれておらず、いつも防御を固めています。自分を守ることに必死になっています。さまざまな理屈で自分を正当化して、自我を中心にして堅固な要塞を作っています。

自我を中心にしていることからも分かるように、そこには高慢が伴います。驕り高ぶりが伴います。人間の罪は、自分の心の中に、たとえ神であっても跳ねつけようとするような心の要塞を築きます。神にも明け渡したくない、触られたくない、取り扱われたくないという心の要塞を築くのです。神に対して心を頑なにする。それが、人間の罪の姿です。

しかし、そのような要塞が勝利することはありません。自我を中心にしてどんなに堅固な要塞を作り、自分を正当化する理論を構築したとしても、それでその人が幸いを得ることはありません。勝利の喜びを味わうことはありません。最後には打ち破られ、打ち倒されるのです。

神の前に、こわばった心を持てば、不幸になるのはその人自身です。神に由来する力は、最後には、どんな要塞も破壊することができます。なぜなら、神御自身が働かれるからです。

七節からパウロは敵対者たちの批判に正面から答えていきます。第一の批判は、パウロは真の使徒ではないという批判です。パウロは偽使徒だという批判です。その批判に、コリントの信徒たちは影響され、惑わされてしまいました。

そのコリントの信徒たちに対して、パウロは七節でこう言います。

「あなたがたは、うわべのことだけ見ています」。

実はこの文章は、平叙文ではなく、命令文として読むことができます。実は命令形も形が同じです。平叙文として読むか、命令文として読むか、学者の間でも意見が分かれていますが、文の流れからすれば、命令文として読む方が適切だと思います。その場合、意味はこうなります。

「あなたがたは、正面からものを見なさい」。

現前の事実をしっかりと見なさい、ということです。はっきりしていることを直視しなさいということです。パウロはコリントの信徒たちに、正面から、素直にものを見るように求めました。明々白々であることを、しっかり見るように求めました。

正面から素直にものを見つめることができれば、人はそんなに簡単に惑わされることはありません。「あなたたちは、よそのことを見ないで、目の前のことを注視しなさい」とパウロは言います。新しく進入してきたユダヤ人キリスト者たちをよく見なさいということです。彼らがいったいどんな種類の人たちなのか、よく見なさい。彼らが言っていることをよく吟味しなさい。彼らの行動、生活はいかなるものか、よく見なさい、ということです。

虚飾や、むなしい飾りに目を奪われ、また心を奪われて、判断を誤ってはなりません。正面から素直にものを見つめることができれば、人はそんなに簡単には惑わされません。落ち着いて物事を見つめれば、解けていく誤解もあります。もっと問題の実質を見極めるべきだとパウロは言います。落ち着いて、正面からものごとを見なさいとパウロは言うのです。

私たちの信仰生活・教会生活にとって非常に大事なことは、物事をしっかりと見つめることです。人を見る時、表面的なことではなく、本質的なところ、本当のところをしっかりと見ることです。では、本質的なところとは何でしょうか。それは、その人が神とどういう関係にあるかということです。上辺のことではなくて、その人の神ご自身との関係、神との生活とはどういうものかを見ることと。そこに目を留めるのです。それが大切です。

教会はたくさんの人が集まるところです。そして誰しも長所があると同時に、欠けがあります。また人間同士の避けられないこととして、相性の良し悪しもあるでしょう。お互いに上辺を見ていたならば、「合わない人とは合わない」ということで終わりです。しかし、相手の内に「神に対する真摯な姿勢」を見出すことができたら、どうでしょうか。人間的には合わなくても、その点で、認め合い、受け入れあうことができるようになります。

教会の交わりは、相手の内にある「神とその人との関係」を見つめ、その神との関係が成長することを願い、またそれを励ますものです。互いに、神との関係が建て上げられるように励まし合うこと、また支えること。それが教会の交わりです。この世にあるさまざまな交わりとは、本質的にここが違います。

ですから私たちは、上辺ではなく、本質的なことをしっかり見ることが大切です。そこを見つめて、励ましあうことが必要です。それが教会の交わりであり、そのような交わりを持つことが、信仰生活にとって極めて重要なのです。

七節の前半をこのように命令文と理解すれば、後半も命令文ですから、二つの命令が続いていることになります。七節後半は「自分がキリストのものだと信じきっている人がいれば、その人は、自分と同じくわたしたちもキリストのものであることを、もう一度考えてみるがよい」です。「自分がキリストのものだと信じきっている人」というのが、パウロの権威に反対していた敵対者を指していると思われます。もしも彼らが、本当にキリストのものならば、パウロもまたそうであることが分かるはずです。

コリント教会は、パウロの伝道によって生まれた実りでした。それゆえコリントの信徒たちが本当のキリスト者であるならば、彼らを生んだパウロも本当のキリスト者であることは当然です。また、彼の宣教は、霊と力の証明が伴うものでした（一コリント二・四）。その御霊の業が伴う宣教によって、彼らは信仰に導かれました。

パウロは、事実に即してよく考えなさいとコリントの信徒たちに命じます。そうすれば、パウロがキリストに召された本当の使徒であることが分かるはずです。

コリントに侵入してきたユダヤ人キリスト者たちは、パウロの使徒性を疑い、否定しました。パウロは生前の主イエスを知らないのであり、そんな者は使徒ではないと言いました。そして自分たちのことを、本当の使徒たちの教会から派遣された者たちだと言って、コリントの信徒たちを惑わしました。

しかし「よく考えなさい」とパウロは命じます。よく考えれば分かるはずだと、パウロは言います。「もう一度考えてみるがよい」と訳されている部分は、直訳すれば「自分でよく考えてみるがよい」となります。他人の意見に左右されずに、自分自身でよく考えるのです。コリントの信徒たちの多くは、パウロの説教によって信仰に入った人たちでした。しかし、後に進入してきたユダヤ主義者たちに惑わされました。それによってパウロへの不信が生まれ、パウロの語った福音への不信が生まれました。しかし今一度、「自分でよく考えてみよ」とパウロは言います。

七節前半では、正面から素直にものを見つめるようにパウロは命じました。後半では、自分でよく考えることをパウロは命じています。いずれも、信仰生活、また教会生活を送る上で非常に大事なことです。

「自分でよく考える」とは、自分と神との関係の中で考えることです。神の御前に考える。そういう時間、まさに祈りの時が、本質的に重要です。神の前に熟考することなしに、生きてはいけません。神の前に一人で考えるということがなければ、人の意見やあふれる情報に振り回されて生きるほかありません。バタバタとその場その場にただ対応するしかありません。それは本当に危うい生き方です。

またパウロはここで、「キリストのものであること」を考えるように促しました。私たちキリスト者にとって一番大切なことは、「自分がキリストのものである」ことです。それをしっかり考える必要があります。自分は自分のものではない。親のものでも、家族のものでもない。教会のものでも、会社のものでも、学校のものでもない。自分はキリストのものです。その「キリストのものである」という視点から、自分の生き方・生活をよく考えるのです。よく吟味するのです。

果たして自分は、キリストのものとして、キリストの僕として生きているのか。自分を主人として生きていないか。キリストを退けて何かに固執していないか。それを問うのです。神の御前に問うのです。そして改めていく。祈っていく。それが、実際の信仰生活において非常に重要です。

二つの命令がここにあります。正面から、素直にものごとをしっかり見つめる。そして、神の御前に自分でよく考える。それが、キリスト者の生き方の基本なのです。

パウロの敵対者たちが、パウロの権威を疑っていたのに対して、パウロは八節でこう答えています。「あなたがたを打ち倒すためではなく、造り上げるために主がわたしたちに授けてくださった権威について、わたしがいささか誇りすぎたとしても、恥にはならないでしょう」。

使徒としての権威を否定されたパウロは、自らには主が授けてくださった権威があると明言しています。パウロには、キリストから使徒としての権威を与えられているとの明確な自覚がありました。

ローマの信徒への手紙の冒頭でも、パウロは「キリスト・イエスの僕、神の福音のために選び出され、召されて使徒となったパウロ」と自己紹介していますし、ガラテヤの信徒への手紙でも冒頭で「人々からでもなく、人を通してでもなく、イエス・キリストと、キリストを死者の中から復活させた父である神とによって使徒とされたパウロ」と自らのことを紹介しています。

パウロの使徒性を否定していた者たちに対して、パウロは、自らは真の使徒だと明言しました。そのことを「誇りすぎたとしても、恥にはならない」と言います。彼は真の使徒であり、他の使徒たちに劣るものではないと確信していましたから、自らの使徒性を誇っても、神によって恥をかかされることはないのです。

神が使徒を立て、権威を与えられました。同様に、いつの時代でも、神は教会の中に権威を立てておられます。それは、教会がキリストの教会として立っていくために必要なものだからです。もちろん、聖書が完結している今日は、使徒は存在しません。しかし、神がある人たちを召して、牧師や教会役員として彼らにある権威を与えて、ご自身の群れを治めようとされていることは確かです。

教会には、確かに主が立てられた権威があります。それが正しく行使されるときに、教会は健やかであることができます。パウロは、主が教会に与えておられる権威の性質について、八節でこう述べました。すなわちそれは「打ち倒すためではなく、造り上げるための権威である」ことです。

牧師、小会、また役員に与えられている権威は、ただ「造り上げるための権威」です。破壊のためではなくて、建て上げるための権威です。教会の権威は、いかなる意味でもその人自身に起因しているものではなく、ただ主イエス・キリストが与えてくださったものです。ですから、与えてくださった方の御思い従って行使されなければなりません。

いつの時代も、教会では多くの問題が起こりますが、私は、権威を与えられている者たちが、いつもその権威を与えてくださった方の意図に従ってそれを行使していたならば、教会で深刻な問題は起こらないと思います。

教会に与えられている権威は「造り上げるための権威」です。建て上げるための権威です。教会が造り上げられていく、建て上げられていくために、与えられている権威です。そして教会は、イエス・キリストを信じている人の群れですから、教会が建て上げられるとは、一人ひとりの信仰の成長と、交わりの成熟を意味していると言えます。

また教会はキリストの体なのですから、教会が造り上げられるのは、教会という一つの体が健やかに成長することだと言えます。体の各部分は、ばらばらには生きられません。各部分は体から離れたら命がありません。一つにつながって、全体の命が生きるように、支え合い協力し合って生きる。健やかに生きるのです。

体全体が健やかに生きるためには、中枢となる機能が健全に機能することが必要なように、教会も健やかに生きるためには、全体を秩序立てて導いていく働きが健全である必要があります。それが牧師、役員の務めです。

パウロを批判していた偽使徒たちは、群れの命のためではなく、自分たちのための権威を主張していました。しかしパウロは、イエス・キリストが教会に与えられた権威は、あくまで、群れを造り上げるための権威だと主張したのです。

パウロに対するもう一つの批判は、「面と向かっては弱腰だが、離れていると強硬な態度に出る」ということでした。それに対する反論が九節から一一節です。一〇節にあるように、彼らはパウロのことを「手紙は重々しく力強いが、実際に会ってみると弱々しい人で、話もつまらない」と批判していました。

つまり彼らは、パウロには正当な使徒が当然持つべき「霊の人としての賜物」が欠けていると言っていました。外観が弱々しく、話がつまらない。パウロには、本当の使徒なら当然備わっているはずの権威がない、カリスマがない。彼らはそう言って、パウロの使徒性を否定したのです。

しかしパウロの理解では、外観の重々しさや、言葉の巧みさなどは、霊の人の不可欠の要素ではありません。彼はむしろ、言葉の知恵に頼らない宣教を目指していましたし、主の力は弱さの中でこそ働くと信じていました。

敵対者たちが見ていたのは、パウロの上辺でした。上辺によってパウロを批判していました。しかしパウロが真の霊の人であることは、上辺によって測られることではありません。コリントの信徒たちは、上辺ではなく、ものごとをもっとしっかりと、真正面から見据える必要があります。

パウロに敵対し、パウロに対して執拗な批判をする者たちに対して、彼は一一節でこう述べています。

「そのような者は心得ておくがよい。離れていて手紙で書くわたしたちと、その場に居合わせてふるまうわたしたちとに変わりはありません」。

この言葉は、今度コリントに行った時は、厳しく対処するという宣言です。手紙の厳しさと同じように、行動においても厳しくするということです。彼の本心はあくまで、二節にあったように、できれば強硬な態度を取りたくないということでした。しかし、そうもいかない時があります。その時には、厳しく権威を行使するのです。

パウロはもちろん、個人的な感情でそうするのではありません。彼に対するいわれのない非難・批判に対して、自らの怒りをぶつけるのではありません。教会の権威を自分の感情によって悪用することは許されません。パウロはただ、教会を造り上げるために権威を行使します。そのための権威を与えてくださったキリストのためにそうするのです。

教会を造り上げるとは何でしょうか。私たちはそのことを常に真剣に考える必要があります。私たちはどうしても、上辺のことを見てしまいがちです。しかし私たちは、ものごとを真正面から、そして本質的なところを見つめていく必要があります。

私たちが、一致して求めていくべきことは、キリストの体なる教会を建て上げることです。一つの健やかな体として成長することです。そのために、自分に問われていることは何なのか。それをよく考える必要があります。

一人ひとりが、キリストの体の健やかな成長のために生きることができれば、教会は確実に前進して行きます。そのことを期待して、歩んで行きたいと願います。

一〇章一二―一八節

主から推薦される人

わたしたちは、自己推薦する者たちと自分を同列に置いたり、比較したりしようなどとは思いません。彼らは仲間どうしで評価し合い、比較し合っていますが、愚かなことです。わたしたちは限度を超えては誇らず、神が割り当ててくださった範囲内で誇る、つまり、あなたがたのところまで行ったということで誇るのです。わたしたちは、あなたがたのところまでは行かなかったかのように、限度を超えようとしているのではありません。実際、わたしたちはキリストの福音を携えてだれよりも先にあなたがたのもとを訪れたのです。わたしたちは、他人の労苦の結果を限度を超えて誇るようなことはしません。ただ、わたしたちが希望しているのは、あなたがたの信仰が成長し、あなたがたの間でわたしたちの働きが定められた範囲内でますます増大すること、あなたがたを越えた他の地域にまで福音が告げ知らされるようになること、わたしたちが他の人々の領域で成し遂げられた活動を誇らないことです。「誇る者は主を誇れ」。自己推薦する者ではなく、主から推薦される人こそ、適格者として受け入れられるのです。

一二節から一八節は、これまでとは別の面から、パウロが、自らが使徒であることを擁護している部分だと言えます。ここでの主題は「誇り」です。「誇り」または「誇る」という言葉は、新約聖書に約六〇回出てきますが、実はその大半はパウロの書いた手紙の中にあります。このことは、パウロにとって「誇り」という概念がいかに重要であったかを示しています。

「誇る」という言葉の意味は、広辞苑によれば「得意のさまを示す、自慢する、いい気になる、光栄とする」です。しかしパウロの場合、単に「自慢する、いい気になる」というような意味ではなく、誇ることは、頼ることと関連がある概念として理解されています。つまり、「何かを誇る」ということは、その「何かに頼っている」ということです。

言い換えれば、「誇り」は、その人の生きていることの拠り所、その人の存在の基盤を明らかにします。その人がいったいどんな誇りを持っているか、何を誇っているか、それがその人自身の本当の姿を現すのです。

パウロの敵対者たちは何を誇りとしていたのでしょうか。彼らの特徴は何だったのでしょうか。彼らは第一に「自己推薦をする者たち」でした。自己推薦をするとは、自分で自分を誇ることです。どんな内容の自己推薦をしていたのか、定かではありませんが、自分たちはエルサレム教会の推薦状を得ているとか、生前の主イエスを知っているなどと言っていたのかもしれません。

自分で自分を推薦して、他の人よりも自分の方が優れていると自慢していました。自分よりも劣ると思われる人と比較しては、自分のことを持ち上げていました。もしくは、本来の自分ではないものを、あたかもそういう人であるかのように思わせようと自慢していたとも考えられます。一生懸命に、自分を売り込んでいました。ひとかどの者と思わせようと、自分で自分を誇っていたのです。

パウロは一二節で、そういう者たちと「自分を同列に置いたり、比較したりしようなどとは思いません」と述べています。自己推薦をするような連中と張り合う気などさらさらないということです。彼らと自分を比較する気はないということです。

パウロの敵対者たちの第二の特徴は、一二節後半にあるように「仲間どうしで評価し合い、比較し合って」いたことです。実はこの部分は、二つの解釈の可能性があります。直訳でこう訳すこともできます。「自分自身を自分自身で測り、自分自身を自分自身と比べる」。

こう訳しますと、この文の意味は、自分が立てた規準で自分を測っている、ということになります。外からの規準によるのではなくて、自分勝手に規準を作って、それで自分を測っている。自分勝手な規準で自分を測って、自分を評価し、思い上がっているのです。

これは既に旧約聖書で非難されていたことです。箴言二一章二節には「人間の道は自分の目に正しく見える。主は心の中を測られる」とあります。自分の道が自分の目には正しく見えても、主の御前にはそうではありません。

また、同じく箴言二七章二節には「自分の口で自分をほめず、他人にほめてもらえ。自分の唇ではなく、異邦人にほめてもらえ」とあります。自分の規準で自分をほめる者、それはまさに愚かなのです。

もう一つの解釈は、新共同訳のように「仲間どうしで評価し合い、比較し合って」いると解することです。自分たちの持っている規準に従って互いを測り、自分たちを偉いものであるかのように思っていたということです。

これは、小さな集団がしばしば陥る危険性です。自分たちを正当化するために、自分たちだけの規準で測ろうとする。自分たちの枠に留まり、自分たちの考えで固まって、自分たちを正当化しようとする。仲間内でほめあって、本当のあるがままの姿を見つめたり、考えたりしない。この国にあって教会というのは小さな集団ですから、この罠に陥らないことをいつも自覚していなければなりません。

このように二つの解釈の可能性がありますが、どちらにも共通しているのは、人間的な規準で人を測ることです。人間の立てた規準で人間を測り、それによって誇る。パウロは敵対者たちの内にその姿を見ました。そしてそのような者たちはまさに「愚かである」と断言するのです。

では、敵対者たちのこうした姿勢を批判したパウロ自身は、どのような生き方をしていたのでしょうか。一三節にこうあります。

「わたしたちは限度を超えては誇らず、神が割り当ててくださった範囲内で誇る」。

これは、パウロの基本姿勢を表している言葉と言えます。パウロは「限度を超えて誇らない」ことを自らの基本姿勢としていました。敵対者たちは、自分の測りに従って自分を誇っていましたが、その場合、誇りには限度がないことになります。なぜなら、自分の測りなどあてにならないのですから、それが自分の限度になりえません。

しかしパウロの限度は、自分の測りによる限度ではありません。「神が割り当ててくださった範囲内で誇る」とあるように、神が定められた限度でした。後半の部分は「神が我々を測ってくださった測りの尺度に応じて」とも訳されます。

つまりパウロは、神が測ってくださった規準で、その範囲内で行動し、そのことを誇るのです。パウロは、人と比較して自分を誇るのではありません。神から与えられた規準によって、自分の限界を守りつつ働きました。そのことを誇りとしました。

パウロの敵対者たちは、人間的な尺度で物事を測り、それによって誇っていました。それに対してパウロは、神の尺度で物事を測り、それに従って生きた自分を誇りとしていました。彼は自分自身を測る、人間的でない規準を持っていました。通常人間を評価する規準というものがあります。どんな時代にもそれがあります。その社会に一般的に通用する人間を評価する規準というものがあります。

しかし、パウロは基本的にその規準で自分を測ることはしませんでした。そうではなく、神が測ってくださった規準で自分を受け止めて生きました。ですから、自分自身を他の人と比較する必要はなかったのです。

こうしてパウロは、神にあるところの限度をわきまえた誇りを持って生きました。彼は、神が与えられた限度を超えることはありません。では、神が与えられた限度とは何でしょうか。神は私たち一人ひとりに、いったいどのような限度を与えておられるのでしょうか。

神が私たちに与えておられる限度とは、各人の賜物と召命であると言えます。神は私たち一人ひとりに賜物を与えておられます。また、神は私たち一人ひとりを、為すべき務めに召してくださいます。その為すべき務めを果たすために、各人に相応しい賜物を与えていてくださいます。主の召命と賜物に逆らって、私たちは何も為すことはできません。

宗教改革者カルヴァンは、次のように述べています。

「各人が自分をはかるものさしにすべき、めいめいの定めというのは、神の賜物・召命のことである。もちろん、わたしたちは、神の召命も賜物も、自分自身のために誇ることはできない。ただそれが神の栄光に役立つ限りにおいて、誇ることができるのである」(前掲書、一八一―一八二頁)。

キリスト者の生き方は、人間の尺度によるのではなく神の尺度によります。それは、神の賜物と召命に生きるということです。神は一人ひとりの生涯に対してご計画をお持ちです。一人ひとりが、この地上生涯の中で果たすべき務めを定めておられます。それは、この世の規準からすれば、小さなことであるかもしれません。取るに足らないことであるかもしれません。しかし人間の尺度は、本質的な意味を持ちません。人間の尺度が、私たち一人ひとりの歩みの価値を定めることはできません。

神の召しに従う歩みが、最も価値ある歩みです。そして神は、その召しにふさわしい賜物を与えてくださいます。この召しと賜物に生きることが、キリスト者としての誇りなのです。この召しと賜物の限界を超えて生きることはできません。超えて生きようとすることは、祝福の道ではありません。神が定められた範囲内で生きることが、私たちに基本的に求められていることなのです。

パウロは、この基本原則に従って生きてきました。それは彼の宣教活動にも表れています。パウロは宣教活動にも、神が定められた範囲や限界があると考えました。真の使徒としてパウロは、この神の決定に基づいて割り当てられた範囲内で活動しました。

パウロにとって、神が与えられた範囲とは、異邦人への福音宣教でした。それゆえ彼はコリントまで伝道したのであり、一三節後半にあるようにそれを誇ることができました。

パウロが、コリントに福音を宣べ伝えたのは、あくまで神が割り当ててくださった範囲であったからです。パウロがコリントに伝道したのは、自分の考えによるのではありません。神の決定に従って働いたのであり、それゆえパウロはそれを誇るのです。

続く一四節にはこうあります。

「わたしたちは、あなたがたのところまでは行かなかったかのように、限度を超えようとしているのではありません」。

これは分かりにくい文ですが、意味はこうです。あなたがたのところに行かなかったのに、あたかも行ったかのように無理に手を伸ばしているのではない、ということです。

一四節の後半にあるように、実際にパウロは、キリストの福音を携えて誰よりも先にコリントに行きました。パウロはコリントに行った最初の使徒でした。パウロは神に派遣されて最初にコリントに行き伝道しました。教会の土台を据えました。他の使徒の権利を侵害するというようなことはありませんでした。

ですから、彼がコリント教会に関わるのは、限度を超えたことでも、無理に手を伸ばしていることでもありませんでした。しかし、パウロの敵対者たちはこの点でもパウロを非難していたようです。パウロはいたずらに、人間的な名誉を求めて手を伸ばしていると言っていました。それに対してパウロは、「限度を超えようとしているのではない」と反論しています。

さらに一五節でパウロは言っています。

「わたしたちは、他人の労苦の結果を限度を超えて誇るようなことはしません」。

パウロは、他人の労苦の結果を横取りして、それを誇るようなことはしませんでした。コリントに最初に伝道したのはパウロです。決して彼は、他の人の領域に介入して、その成果を不当に自分のものにしようとしていたのではありません。「限度を超えて誇る」とは、他の人の働きの結果を、あたかも自分の働きの成果であるかのように誇ることですが、それはパウロの姿勢ではなく、彼の敵対者たちに見られた姿勢です。

このように自己弁護した上で、パウロは自らが希望していることが何であるかを明らかにしています。二つの希望がありました。第一が一五節の後半です。

「わたしたちが希望しているのは、あなたがたの信仰が成長し、あなたがたの間でわたしたちの働きが定められた範囲内でますます増大すること」。

パウロが第一に希望していたのは、コリントの信徒たちの信仰が成長し、実を結び、パウロの伝道の効果が確保されることでした。コリント教会がますます健全に成長すること、それがパウロの第一の願いでした。

第二の願いとして一六節にこうあります。

「あなたがたを越えた他の地域にまで福音が告げ知らされるようになること」。

パウロは、コリント教会が健全に成長すれば、それを基として、他の地方に伝道を展開できると考えていました。具体的には、パウロはここで、スペインに赴くことを考えていたのだと思われます。ローマの信徒への手紙一五章（二八節）にあるように、パウロはローマを経て、いずれスペインに福音を宣べ伝えることを願っていました。

パウロは、いつも、神が割り当ててくださった範囲内で働こうとしていました。自分を過大評価することなく、慎み深く評価していました。神が定められた限度を、決して超えようとはしませんでした。

このような生き方は、一見あまりに守りの姿勢で、冒険のないつまらない生き方のように思えます。ただ自分の守備範囲を守って、小さく内向きに生きているように思えます。しかし、そうではありません。

確かに、神に対してはあくまで従順です。しかし、神に従う生き方は、内向きに小さく固まることではありません。パウロは、当時、世界の果てとも言われたスペインへの宣教を見つめていました。彼は、あくまで神の決定した範囲にとどまりながら、しかしその範囲内で、大胆な視野とヴィジョンを持っていました。いやむしろ、神に従う姿勢がはっきりしていただけに、人間臭い浮ついたヴィジョンではなく、堅実なヴィジョンと希望を持つことができたのでしょう。

神に従う生き方は、内向きで小さく固まる、窮屈な歩みではありません。むしろ、堅実で大きなヴィジョンと希望を持って生きる歩みなのです。


一七節、一八節が、これまで部分の結論と言えます。

「『誇る者は主を誇れ』。自己推薦する者ではなく、主から推薦される人こそ、適格者として受け入れられるのです」。

パウロは、自らの働きについて誇りを持っていました。しかし、その働きがただ神の恵み、神の力によるものであることを知っていましたから、彼はただ主を誇ります。パウロが「誇り」に強く拘ったように、キリスト者はキリスト者としての「誇り」を持つべきです。誇りを持たないキリスト者というのは、本来あり得ません。

この「誇る者は主を誇れ」という言葉は、エレミヤ書九章二二節、二三節からの自由な引用だと思われます。その御言葉はこうです。

「主はこう言われる。知恵ある者は、その知恵を誇るな。力ある者は、その力を誇るな。富ある者は、その富を誇るな。むしろ、誇る者は、この事を誇るがよい／目覚めてわたしを知ることを。わたしこそ主。この地に慈しみと正義と恵みの業を行う事／その事をわたしは喜ぶ、と主は言われる」。

知恵を誇るな、力を誇るな、富を誇るな。ただ主なる神を知っていることを誇れ、と命じています。人間が通常持つ誇りなど、しょせん大したものではありません。人間の誇りなど、たかが知れています。それは、神の目に耐えられるようなものではありません。本当の誇りは、神の裁きにも耐えられるものでなければなりません。

人は誰しも誇りなしには生きられません。ならば、本物の誇りを持たなければならないでしょう。私たちは、浅薄な誇りに生きてはなりません。神の前にまったく通用しないような誇りに、しがみついてはなりません。

本当の誇りは、エレミヤ書にあるように、主なる神を知っていること、いや、主なる神に知られていること、愛されていることにあります。それしかないのです。

「誇り高い人」というのは、あまり良いイメージではありません。誇り高い人というのは、自分について高い評価を持ち、それで自分を支え、人々にもそれを認めさせようとする人のことです。しかし、主にあって誇り高い人は、そうではありません。

真の誇りを持つ人は、自分で自分を高く評価するのでも、その誇りで自分を支えるのでも、また人に自分への評価を認めさせようとするのでもありません。主に愛され、主によって生かされていることを喜び、それを真の支えとする人です。ですから、主だけを誇るのです。

そして、主だけを誇りにすることは、自分の弱さ・貧しさを認めることと一体です。主なる神を誇りにしないなら、「自分の何か」を誇りにして自分を支えるしかありません。そしてそれを人に認めさせるしかありません。だから、自分の弱さや貧しさを認めることができないのです。

しかし、主が私の罪のために死なれ、私を贖ってくださったことを知るならば、もはや、自分自身のことは本質的なことではなくなります。自分の何かに固執して、自分を支える必要はなくなります。ですから、自分の弱さや貧しさも認めて、主にありのままをさらけ出して生きることができます。自分を支えるために、「自分の何か」にしがみつく必要はもはやないのです。

「自己推薦する者ではなく、主から推薦される人こそ、適格者として受け入れられるのです」とパウロは述べました。自分で自分を推薦する人、自分で自分を売り込み、誇る人。それほど、惨めで空しい人はいません。なぜならば、そこには何の真実も、確かさもないからです。

神の御前に適格者として受けいれられるのは「主から推薦される人」です。ここの「適格者」と訳されている言葉は「厳しい検討に耐えて合格した者」「本物であると証明された者」のことです。

厳しく検討されれば、自己推薦する者たちは、すぐに不適格であることが明らかになります。どんな検討にも耐えて、本物と見なされるのは「主に推薦される人」です。そして主に推薦される人とは、神を知り、神に知られている人、キリストのものとされている人のことです。ただ恵みによって神のものとされていることを喜んで、主を誇りとして生きる者です。

根本的に重要なのは、人間の推薦ではなくて神の推薦です。神ご自身が「わたしのものだ」と推薦してくださる、それが最も重要なことです。その推薦が、キリストを信じている者には与えられています。私たちキリスト者は、そのような恵みにあずかっています。この恵みをしっかり受け止めて、いよいよ主を誇りにして歩んで行きたいと願います。

一一章一—六節

神の熱い思いをもって

わたしの少しばかりの愚かさを我慢してくれたらよいが。いや、あなたがたは我慢してくれています。あなたがたに対して、神が抱いておられる熱い思いをわたしも抱いています。なぜなら、わたしはあなたがたを純潔な処女として一人の夫と婚約させた、つまりキリストに献げたからです。ただ、エバが蛇の悪だくみで欺かれたように、あなたがたの思いが汚されて、キリストに対する真心と純潔とからそれてしまうのではないかと心配しています。なぜなら、あなたがたは、だれかがやって来てわたしたちが宣べ伝えたのとは異なったイエスを宣べ伝えても、あるいは、自分たちが受けたことのない違った霊や、受け入れたことのない違った福音を受けることになっても、よく我慢しているからです。あの大使徒たちと比べて、わたしは少しも引けは取らないと思う。たとえ、話し振りは素人でも、知識はそうではない。そして、わたしたちはあらゆる点あらゆる面で、このことをあなたがたに示してきました。

パウロは一〇章一八節で「自己推薦する者ではなく、主から推薦される人こそ、適格者として受け入れられるのです」と述べました。自分で自分を推薦する人、自分で自分を売り込み、誇る人。それほど、惨めな人はいません。自己推薦をパウロは愚かなことだと考えていました。人からではなく、主から推薦される人こそが「適格者として受け入れ」られます。そのような人こそが、本物であると主によって受け入れられるのです。

このように確信していたパウロですから、自分を誇ることに、強い心理的な躊躇がありました。それゆえ、一一章の冒頭で彼はこう言っています。

「わたしの少しばかりの愚かさを我慢してくれたらよいが。いや、あなたがたは我慢してくれています」。

後半の「あなたがたは我慢してくれています」の部分は、命令形に取ることもできます。その場合は「我慢してください」となります。

パウロは、自分を誇るようなことを書くに当たって、まず弁明から始めました。実は、弁明と思えるような言葉が、一一章と一二章には繰り返し出てきます。パウロは、自分を誇るような類の言葉を、本当は語りたくありませんでした。それが愚かなことであると十分に自覚していました。

しかしそれにもかかわらず、彼は自慢めいたことを書いていきます。なぜそうしたのでしょうか。それはコリント教会の信徒たちを守るためでした。コリントの信徒たちは、反対者たちに惑わされて、福音の真理から離れてしまう危険性がありました。パウロの使徒性を疑い、彼の伝えた福音から離れてしまう危険性がありました。

そうした中でパウロは、彼らが福音から離れてしまうことを阻止するために、あえてその愚かなことをしようとしました。自己推薦が愚かなことであることを、パウロは十分知っていましたが、それによって、コリントの信徒たちを引き止めることができるならばと考えました。彼は自己推薦をし、自分が真の使徒であることの裏づけを示そうとしたのです。

愚かな行為をしなければ、コリントの信徒たちを真理に立ち返らせることができないという現状は、パウロにとって大きな悲しみであったと思います。しかし、背に腹はかえられません。パウロは、愚かな者たちに対して、自分の愚かさによって答えます。教会の益のために、信徒の益のために、彼はあえて、自らが愚かになることを選び取るのです。


パウロはまず、自分がコリントの信徒たちに対して持っている思い・感情を明らかにします。

「あなたがたに対して、神が抱いておられる熱い思いをわたしも抱いています」（二節）。

「熱い思い」と訳されている部分は、ジェラシー、嫉妬心のことです。神がコリントの信徒たちに対して抱いておられる熱い思い、嫉妬心を知って、パウロは自らも同じ嫉妬心を持っていると言います。


神が嫉妬されるなどと聞きますと、何か神を人間のレベルに引き下げているように感じられるかもしれませんが、旧約聖書において「嫉妬する神」という観念は基本的な神観念の一つだと言えます。旧約聖書の中でしばしば出てくるのは、主なる神と神の民イスラエルを夫と妻に喩えることです。主なる神が夫です。それゆえ、妻である神の民イスラエルが偽りの神々に心を引かれ、礼拝することは、姦淫に等しいことでした。その際、夫である主なる神は、妬みの思い、嫉妬心を抱きました。イザヤ書五四章にはこうあります。

「あなたの造り主があなたの夫となられる。その御名は万軍の主。あなたを贖う方、イスラエルの聖なる神、全地の神と呼ばれる方。捨てられて、苦悩する妻を呼ぶように、主はあなたを呼ばれる。若いときの妻を見放せようかと、あなたの神は言われる」（五四・五―六）。

主なる神は、神の民イスラエルを若いときの妻のように慕っておられ、見放されることはありません。神の民に対する神の愛は、あっさりとした淡白な愛ではありません。人間の世界に喩えるならば、まさに愛する妻に対する夫の愛に最も近いのです。その愛は、おだやかな静かな愛ではありません。むしろ熱烈な、ねたむ愛です。

主の日に交読している十戒の第二戒にも、そのことが記されています。第二戒の中に、「わたしは熱情の神である」という言葉があります。口語訳では「わたしは、ねたむ神である」となっていました。熱烈な、ねたみを引き起こすような強烈な愛、それが、神の私たち神の民に対する愛なのです。

パウロは、その神の愛、コリントの信徒たちに対する神の愛をもって、自分もコリントの信徒たちのことを愛している、嫉妬していると言います。神の熱情、神のねたみを共有していると言うのです。ご自身の民のために、ねたむほどに心を燃やす神の姿が、パウロの心を動かしていました。パウロの神の民に対する熱心は、人間的な熱心ではありません。自分の影響力を保持したいというような自分の野心に基づくものではなく、また、人間的な愛情に基づくものでもなく、神の熱情に基づいていました。神がご自身の民に対して抱いておられる熱情、ねたみの思いを共有し、それに深く動かされていました。

その意味でパウロは、自分の思いから行動していたのではありません。自分の気持ちから出発していたのではありません。神がねたむほどに愛しておられる、その熱愛に動かされて、自分も熱烈に愛していたのです。自分の気持ちや、自分の利益を出発点としていたのではありません。神の愛が出発点でした。それがパウロの基本姿勢でした。そしてそれは、伝道者に求められる姿勢であり、またすべてのキリスト者に求められている姿勢だと言えます。

つまりパウロは、神の視点で、神の御思いをもって、相手を見つめたのです。そのままの人間を、見えるままの人間を、自分の尺度で評価していたのではありません。むしろ、神がその人をどういう思いで見ておられるのか、また神がその人に対してどのような感情を持っておられるのか、それを考えました。そしてその思いを共有したのです。

私たちはいずれも、神によって創造されました。異なる存在として、創造されました。そして今も神に養われています。生かされています。また、イエス・キリストはご自身の命を捧げるほどに、私たち一人ひとりを愛しておられます。

私たちはその神の御思いをもって、人を見つめる必要があります。神に愛され、生かされている人として接する必要があります。そして、神が一人ひとりを固有の存在としてお創りになられたのですから、神が願っておられるその人自身になれるように、見守り配慮する必要があります。そのような励ましと愛の眼差しが求められています。

神がその人に対して持っておられる御思いを共有することができれば、私たちが人に接する上での、心の姿勢も言葉も変わるのではないでしょうか。自分の気持ちや感情から出発するのではありません。神の御思いから出発するのです。

そのためには、まず、自分自身に対する神の熱い思いを知らなければなりません。自分自身に対して、神がどんなに熱い思いを持っておられるかを知らないならば、私たちは他の人に対する神の熱意を、心に思い描くことはできません。神が私自身を、ねたむほどの愛で愛しておられること、それを知ることです。それを心で知ることが大切です。すべてはそこから始まるのです。

このように、コリントの信徒たちに対して、神にある熱い思いを抱いていたパウロは、彼らをキリストと婚約した女性に見立てています。二節後半にこうあります。

「なぜなら、わたしはあなたがたを純潔な処女として一人の夫と婚約させた、つまりキリストに献げたからです」。

パウロはコリントの信徒たちを、婚約相手であるキリストに献げられた処女に見立てています。この比喩を理解するためには、当時のユダヤ人の結婚の慣習を知る必要があります。当時のユダヤ人は、婚約して、一年後に結婚しました。しかし、婚約期間中でも、この女性は法的にはすでに相手の男性の妻と見なされました。婚約は契約であって、法的拘束力を持っていました。ですので、この期間の不貞は姦淫と見なされ、厳しく罰せられたのです。

パウロはこの当時の慣習を前提に、自らのことを、仲人、媒酌人と考えているようです。妻となる女性がコリントの信徒たち、夫がキリストです。彼は自らのことを、コリントの信徒たちをキリストと婚約させた仲人と考えました。そして仲人の務めは、彼らが結婚する時まで、コリントの信徒たちを純潔な処女として守ることでした。婚約は成立しましたが、まだ結婚式は行われていません。そこで結婚に至るまで花嫁を守り、彼女の純潔を守って夫であるキリストに引き渡すのが自らの任務だとパウロは自覚していたのです。

パウロはコリント教会の信徒たちを、キリストと一つにすることを熱望していました。そのためには、コリント教会は純潔を必要とします。教会は、キリストと一つになるために純潔を保っていなければなりません。つまり、地上の教会は婚約期間にあるのです。では結婚の時とはいつなのでしょうか。それは、キリストの再臨の時です。イエス・キリストが再び来てくださる時、キリストと教会は一つになります。ヨハネの黙示録一九章六節以下にはこうあります。

「わたしはまた、大群衆の声のようなもの、多くの水のとどろきや、激しい雷のようなものが、こう言うのを聞いた。『ハレルヤ、全能者であり、わたしたちの神である主が王となられた。わたしたちは喜び、大いに喜び、神の栄光をたたえよう。小羊の婚礼の日が来て、花嫁は用意を整えた。花嫁は、輝く清い麻の衣を着せられた。この麻の衣とは、聖なる者たちの正しい行いである』」。

キリストの再臨の時に、教会とキリストは婚礼の時を迎えます。ですからパウロは、その時まで教会を「キリストの婚約者」として守ろうとしました。キリストの婚約者として、純潔を保たせようとしたのです。

では、婚約者の純潔とは何でしょうか。それは、その相手だけをひたむきに愛することです。同様に、私たちキリスト者も、イエス・キリストだけをひたむきに愛することが求められています。私たちの婚約者である「キリストの私たちに対する愛」は、揺らぐことのない真実な愛です。その愛に応えて、私たちにはキリストに対する純潔が求められているのです。

キリストの婚約者は、何より純潔でなければなりません。しかし、コリント教会ではその純潔が危機にさらされていました。それをパウロは恐れていました。そしてパウロはコリント教会の危機を、エバが蛇に欺かれたことに重ねています。三節にこうあります。

「ただ、エバが蛇の悪だくみで欺かれたように、あなたがたの思いが汚されて、キリストに対する真心と純潔とからそれてしまうのではないかと心配しています」。

人間の堕落の記事は、創世記の三章に記されています。蛇がやって来てエバに言いました。「園のどの木からも食べてはいけない、などと神は言われたのか」。

神はエデンの園に、見るからに好ましく、食べるに良いものをもたらすあらゆる木を生えさせられました。そして「すべての木から取って食べなさい」と言われました。つまり、基本的に人間には大きな自由と祝福が約束されていました。

しかし、一つだけ戒めがありました。「善悪の知識の木からは決して食べてはならない」というものです。この戒めは、神の恵みでありました。つまり、この木によって人間は常に神との関係が正され、神との交わりを新たにさせられたからです。自由が放縦にならず、この祝福を与えてくださった方を覚え、その方との愛の交わりに留まり続けることができるように、神は人間の祝福のためにこの木を生えさせられ、戒めを与えられました。

蛇の質問は、客観的事実を尋ねているようですが、そこには歪曲した意図がありました。蛇は「何々してはならないなどと、神は言われたのか」と尋ねました。つまり、この時の蛇の言い方は、神はエバに不自由を与える方、頭ごなしに掟を与える方として意識させようとしています。そしてエバはこの蛇の論理に乗ってしまいました。

エバは屈託なく返事をし、蛇によって歪曲された部分を訂正しています。しかし、彼女の応答の強調点が後半にあるのは確かです。つまり「園の中央に生えている木の果実だけは、食べてはいけない、触れてもいけない、死んではいけないから、と神様はおっしゃいました」とエバは言ったのです。エバは神様が「食べてはいけない、触れてもいけない」とおっしゃったと言います。つまり、蛇が導いたように、神は人間に律法を課される御方、人間を縛る掟を与えられる御方であるという論理に陥っています。さらにこの「触れてもいけない」は神が言われたことではありません。彼女が付け加えています。

蛇がエバにしたのは、神に不信感を抱かせることでした。「神様は実はお前に不自由を与えている」と思わせることでした。これは言葉を変えて言えば、神を信頼するのではなくて、神を対象化して考えるように導いているということです。

人間はもともと、神との豊かな愛と信頼の交わりに生きていました。蛇はその交わりを壊すために、エバに不信感を持たせようとします。そしてエバが信頼感を持って神のことを考えるのではなく、突き放して、いわば神を対象化して評価させようとしました。

神との人格関係ではなく、神を対象化し、観念の世界で神を評価するように誘惑しました。つまり、神に聴き従うのではなくて、自分が主人となって、神を評価する立場に導こうとしたのです。

エバが自らの論理にまんまとはまったことを知った蛇は、彼女に言いました。

「決して死ぬことはない。それを食べると、目が開け、神のように善悪を知るものとなることを神はご存じなのだ」。

蛇はここに至って、神が語られたことを正面から否定しました。さらにその理由として「それを食べると、目が開け、神のようになることを神はご存じなのだ」と言います。女よりも遙かに、神について知っているという立場から蛇は語りました。そして神がこれを禁じた理由は妬みからだと言うのです。

エバはいよいよ神との人格関係を離れて、中立の立場から事柄を考え始めていました。神との交わりによって神を知るのではなく、自由な立場から、突き放して観念の世界で神を知ろうとしました。これこそが、蛇のねらいでした。

ですから、私たちも覚えておかなくてはなりません。神との交わりが希薄になれば、神を観念の世界で、理屈の世界で考え始めるのです。そして「神はああである、こうである」「神がいるのになぜこうなのか」等々と論じるようになります。そうなれば、ますます神ご自身から離れてしまいます。

エバを特に引きつけたのは「それを食べると、目が開け、神のように善悪を知るものとなる」という蛇の言葉でありました。「神のようになる」。これが彼女を引きつけました。被造物としての自らの分を越えて、神のようになりたい。この高ぶりが、彼女を罪の行為に導いたのです。

コリントの信徒への手紙に戻りまして、パウロは「あなたがたの思いが汚されて、キリストに対する真心と純潔とからそれてしまうのではないかと心配しています」と述べました。パウロの懸念は、コリントの信徒たちの「思い」が汚されること、惑わされることでした。蛇の誘惑は、エバの思いを惑わすことでした。サタンの第一の目標は、キリスト者の思いを惑わすことです。それがサタンの攻撃の第一目標です。サタンの攻撃は、私たちの「思い」に向けられています。神に対する不信を掻き立てることです。不信感を引き起こすことです。そして神のことを冷めた思いで突き放して考えるように導くことです。それがサタンの誘惑の仕方なのです。

コリントの信徒たちの思いは、まさに敵対者たちによって惑わされていました。敵対者たちが何をしていたかは四節から明らかです。それは、パウロが宣べ伝えたのとは異なったイエスを宣べ伝え、パウロが与えようとしたのとは異なった霊を与え、そしてパウロが伝えたのとは異なる福音を伝えることでした。敵対者たちの教えの全体像は明らかではありません。しかし明確に語られているように、それは「異なる福音」でした。

けれども、四節の最後でパウロが「よく我慢している」と述べているように、コリントの信徒たちはその偽教師たちを拒否することなく、むしろ受け入れていました。ですからこの「よく我慢している」は、パウロの皮肉です。正当な信仰が危うくされているのに、あなたがたは我慢している。

それによってコリント教会は、危機に陥っていました。キリストの花嫁として求められる純潔が危機に瀕していました。異なるイエス、異なる霊、異なる福音が入り込んでいました。この点では、教会は決して妥協してはなりません。

「こういうイエス・キリスト」でも、「ああいうイエス」でも、何でもOKというわけにはいきません。イエス・キリストをどう信じるかが一番大切です。イエスのことが語られ、信じられているなら、その内容はどうでもよいというわけにはいきません。

パウロが命を賭けて語ったように、十字架の贖いによるイエス・キリスト、救い主イエス・キリスト、復活のイエス・キリストでなければなりません。この点で教会が妥協すれば、教会はもはや、キリストの花嫁にはなれません。ですからパウロも、この点では決して妥協しないのです。

パウロは六節で「たとえ、話し振りは素人でも、知識はそうではない」と述べています。パウロの弁舌はつたないという非難があったのでしょう。彼は知識人でありますが、ギリシア語文化圏のいわゆる修辞学や弁論術を専門に学んだ者ではありませんでした。その意味ではまさに素人でした。

しかし彼は「知識はそうではない」と断言します。この知識とは、真の神知識のことです。パウロにとって決定的に大切なのは、語り方の技術ではなく、その内容でした。本当の使徒であるかどうかは、そこで決まるのです。神の霊が与える真の神知識を持っているか否か、それを語っているか否かです。

教会の真価も、またキリスト者の真価もそこで問われます。十字架と復活のイエス・キリストを信じて、それを土台としているか否かです。

私たちは、キリストの婚約者です。結婚のために備え、準備する婚約者です。それゆえ、ただ、キリストへの純潔が求められています。十字架と復活のイエス・キリストを信じて、まっすぐに歩むことが求められています。

そして来るべき日に、私たちはキリストとの婚姻の日を迎えます。それが主の約束です。この世においては、サタンの欺きがあります。それだけに私たちは、共に支え合って、助け合って、キリストとの婚姻の日に備える必要があるのです。

一一章七―一五節

自分を低くして

それとも、あなたがたを高めるため、自分を低くして神の福音を無報酬で告げ知らせたからといって、わたしは罪を犯したことになるでしょうか。わたしは、他の諸教会からかすめ取るようにしてまでも、あなたがたに奉仕するための生活費を手に入れました。あなたがたのもとで生活に不自由したとき、だれにも負担をかけませんでした。マケドニア州から来た兄弟たちが、わたしの必要を満たしてくれたからです。そして、わたしは何事においてもあなたがたに負担をかけないようにしてきたし、これからもそうするつもりです。わたしの内にあるキリストの真実にかけて言います。このようにわたしが誇るのを、アカイア地方で妨げられることは決してありません。なぜだろうか。わたしがあなたがたを愛していないからだろうか。神がご存じです。

わたしは今していることを今後も続けるつもりです。それは、わたしたちと同様に誇れるようにと機会をねらっている者たちから、その機会を断ち切るためです。こういう者たちは偽使徒、ずる賢い働き手であって、キリストの使徒を装っているのです。だが、驚くには当たりません。サタンでさえ光の天使を装うのです。だから、サタンに仕える者たちが、義に仕える者を装うことなど、大したことではありません。彼らは、自分たちの業に応じた最期を遂げるでしょう。

コリント教会には、異なった福音を宣べ伝える敵対者たちが入り込んでいました。彼らによって、コリントの信徒たちは惑わされていました。さらに彼らは、パウロが使徒であることを否定して、自分たちこそが真の使徒だと吹聴していました。

この危機的な状況の中で、パウロは自らが真の使徒であることを証ししていきます。パウロは、この敵対者たちと自分を比較して、自分こそが真の使徒であることを示そうとしました。彼らとの違いを明らかにし、自分のことを誇るのです。

五節でパウロは「あの大使徒たちと比べて、わたしは少しも引けは取らないと思う」と述べました。「あの大使徒」というのは、敵対者たちのことを呼んでいる皮肉を込めた表現です。そしてパウロは、自らが彼らと異なる一つの点を取り上げます。それは、パウロがコリント教会から報酬を受けずに福音宣教をしていたことでした。七節にこうあります。

「それとも、あなたがたを高めるため、自分を低くして神の福音を無報酬で告げ知らせたからといって、わたしは罪を犯したことになるでしょうか」。

パウロはコリント教会から報酬を受けずに、神の福音を宣べ伝えていました。実はこの問題は既に、コリントの信徒への手紙一の九章でも論じられました。パウロは一貫して、コリント教会からは報酬を受け取らないという方針で、福音宣教に励んでいました。しかしそういうパウロの態度は、いろいろな議論や批判を引き起こしたようです。そのため、コリントの信徒への手紙一でもかなり詳しくこれについて論じました。

福音を宣べ伝えている人は、その福音宣教の業によって生活を支えられる権利があるというのが、パウロの基本的な主張でした。コリントの信徒への手紙一の九章一三節、一四節でパウロは述べています。

「あなたがたは知らないのですか。神殿で働く人たちは神殿から下がる物を食べ、祭壇に仕える人たちは祭壇の供え物の分け前にあずかります。同じように、主は、福音を宣べ伝える人たちには福音によって生活の資を得るようにと、指示されました」。

パウロはここで、福音を宣べ伝える人が、福音によって生活の資を得ることは、主の指示だと述べています。つまり、福音を宣べ伝える人は、それによって生計を立てる権利を持っています。

しかしパウロは、この権利を用いませんでした。なぜなのでしょうか。それは彼の霊的な判断のゆえでした。彼は同じ手紙の中で、この権利を用いなかったのは「キリストの福音を少しでも妨げない」ためだと述べています。福音の妨げになるかどうかという判断によって、彼はコリント教会から報酬を受けないことを決めたのです。

その理由を積極的に言い直すとしたら、一一章七節にあるように「あなたがたを高めるため」であったと言えます。コリントの信徒たちを高めるためです。もちろんこの「高める」は、霊的なことを意味しています。コリントの信徒たちが、霊的に高められるために、パウロはコリント教会からは報酬を受け取らないことを選び取りました。

パウロは、報酬を受け取る権利が、信仰の弱い教会につまずきを与えることを恐れたのでしょう。彼は、それが主にある正当な権利であることを知っていました。しかし、教会のため、その信徒たちのために、その権利を放棄したのです。

パウロがしたことは、七節にあるように、コリントの信徒たちを高め、「自分を低くする」ことでした。合法的な当然の権利を捨てて、自分を低くしました。コリントのあったギリシア語文化圏では、哲学者や教師が、その教えに見合った報酬を受け取るのは当然とされており、それを受け取らないことはまさに「自分を低める」ことでした。なぜなら報酬を受け取らないことは、自分は報酬を受け取るに値しないと言っているに等しいからです。ですからパウロのしていたことは、ギリシア人の視点から見ても、身を落とすことに他なりませんでした。

パウロは、そのように自分を低くして、コリントの信徒たちを霊的に高めたいと考えました。パウロの敵対者たちは、自分で自分を高めたり、また仲間内で誉め合ってお互いを高め合っていました。彼らはひたすら、自分が高められることを望んでいました。それに対してパウロは、ひたすらコリントの信徒たちが霊的に高められることを望みました。そのためなら、当然の権利も捨て、自分が低くされることも厭いませんでした。

パウロは、主にある自分の権利というものを明確に知っていました。しかし、いたずらに権利を主張して生きるのではなく、他の人が霊的に高められるか否かという規準で自らのあり方を律していたのです。

キリスト者である私たちには自由が与えられています。もはや何者にも支配されることのない自由が与えられています。しかし、その自由は、勝手気ままに、放縦に生きるために与えられているのではありません。パウロはガラテヤの信徒への手紙の中でこう述べ述べました。

「兄弟たち、あなたがたは、自由を得るために召し出されたのです。ただ、この自由を、肉に罪を犯させる機会とせずに、愛によって互いに仕えなさい」（五・一三）。

キリスト者に与えられている自由は、愛によって互いに仕えるためだとパウロは言いました。言い換えるなら、他者を霊的に高めるために、私たちはその自由を用いる必要があります。自分を高めようとする人は、決して他の人を霊的に高めることはできません。自分を高めることを通して、他の人に霊的祝福をもたらすことはありません。自分を低くすることでしか、他の人を高めることはできません。

伝道にもこのことは当てはまります。自分を低めることなしに、福音は決して伝わりません。自分を高めることで、伝道の効果が上がるということはありません。自分が立派になって、知識や話術に習熟すれば伝道がうまくいくのでしょうか。そうはいかないのです。

もちろん、伝える福音の知識や話し方の習熟も大切でしょう。しかし、根本的には、自分を低くして福音を伝えるのでなければ、福音は決して伝わりません。伝える人自身が、ただ十字架のキリストに望みを置いて生きているのでなければ、決して福音は伝わりません。自分の罪に本当に打ちひしがれて、しかし十字架のキリストに望みを置いている人、そこにのみ希望を置いている人でなければ、決して福音は伝わりません。

パウロはコリントの信徒たちの霊的益のために、自分を低くしました。当然の権利を放棄して、見下される道を選びました。それによってコリントの信徒たちを、霊的に高めたいと願ったからです。自分を低めることなくして、人に霊的祝福を与えることはできないのです。

しかし、コリントにおいてパウロが無報酬で宣教していたことは、さまざまな憶測を生んだようです。パウロは何か別の手段で生活費を賄っているに違いないという誤解も生みました。たとえば、彼が集めていたエルサレム教会への献金を横領しているのではないかという噂さえあったのかもしれません。

そこでパウロは、自分は諸教会からの献金で生活していると反論しています。「わたしは、他の諸教会からかすめ取るようにしてまでも、あなたがたに奉仕するための生活費を手に入れました」（八節）。

使徒言行録一八章によると、最初にパウロがコリントに来た時、彼はプリスキラとアキラの家に住み込んで、一緒に天幕造りの仕事をしながら伝道しました。しかしその後、シラスとテモテがマケドニア州からやって来ると、パウロは伝道に専念したとありますが、これは彼らが献金を持ってきたからだと考えられます。

コリントでパウロは基本的に自分で仕事をして稼ぎ、その上、諸教会からの献金をもらって生活していました。本来は、コリント教会のために働くパウロを支えるのは、コリント教会の義務です。他の教会に、パウロを支える義務はありません。しかし他の教会が献金してくれました。それをパウロはここで「他の諸教会からかすめ取る」という強い表現をしています。これは、決して普通のことではないことを強調するためだと思われます。

コリントの信徒への手紙一に続いて、この手紙でも、パウロの生活費、給与のことがかなり詳しく取り上げられています。問題になっているのはお金のことです。お金の問題というのは、世俗の問題ではないかと思えるかもしれませんが、実は教会にとってこの問題は極めて重要だと言わなければなりません。

なぜなら、お金の問題で不信が生まれれば、教会の信頼も、また伝道者の信頼も揺らぐことになるからです。それは福音の宣教にも直結することになるでしょう。ですからパウロは、教会のお金の問題について、いつも慎重に霊的な判断をしていました。教会におけるお金の問題は、霊的な問題だと考えていました。そしてパウロは、一つの霊的判断として、コリント教会からは俸給を受け取らないことにしました。他の教会の援助によって、働くことにしたのです。

お金の問題が霊的問題であるというのは、教会や伝道者だけに当てはまることではありません。それはすべての人に当てはまることです。主イエスが「神と富に兼ね仕えることができない」と言われたように、お金は人を惹きつけ仕えさせるだけの力を持ちます。真の神を退けるだけの力を持ちます。それだけに、お金の問題は、神の御前における霊的問題として理解していなければなりません。

神が与えてくださったものを、神の前にいかに用いて生きるのか。信仰による生き方が、具体的に問われるのがお金の管理の問題だと言えます。聖書は、神の民が、お金の管理において信仰を発揮するように求めています。


九節は八節で言われていたことを、より具体的に述べています。

「あなたがたのもとで生活に不自由したとき、だれにも負担をかけませんでした。マケドニア州から来た兄弟たちが、わたしの必要を満たしてくれたからです。そして、わたしは何事においてもあなたがたに負担をかけないようにしてきたし、これからもそうするつもりです」。

マケドニアの諸教会がパウロを援助してくれました。マケドニアというのは、ギリシアの北部で、フィリピ、テサロニケ、ベレヤといった都市のある地域です。八章に記されていたように（二節）、このマケドニアの諸教会は深刻な貧困の中に置かれていました。ローマ帝国がマケドニアの人たちを非常に苛酷に扱い、重税を課していたからです。しかしその苦難の中にあるマケドニアの諸教会が、パウロを援助し助けました。そのために、パウロはコリントの信徒たちに負担をかけなくて済みました。

マケドニアの諸教会の援助は、もちろんパウロが強制したわけではなく、自発的なものでした。彼らは、自分たち自身が貧しさと試練の中にあるにもかかわらず、エルサレムの信徒たちへの献金に励んだだけでなく、パウロへの援助もしました。献金できるお金の余裕があったから献金したのではありません。全く余裕がなかったにもかかわらず、信仰を持って献げたのです。

パウロはそれゆえ、コリントの信徒たちに経済的な負担をかけずに済みました。そしてそれを、今後も変えるつもりはありませんでした。一つの決意として、一〇節でこう述べています。

「わたしの内にあるキリストの真実にかけて言います。このようにわたしが誇るのを、アカイア地方で妨げられることは決してありません」。

「わたしの内にあるキリストの真実にかけて言います」は、誓いの一つの形式です。つまり、「以下のことはキリストの真実にかけて偽りではない」ということです。キリストの真理が自分の内に宿っているので、自分は嘘を語ることはできない、という意味です。

この表現は、パウロの生きる姿勢をよく表しています。パウロはキリストの真理に生きていました。その真理に従って生きていました。キリストの真理に恥じないように生きていました。キリストの御前に生きていたと言ってよいでしょう。

人の前に生きていたのではありません。人との関係に縛られて、規定されて生きていたのではありません。人を恐れて生きていたのではありません。もちろん、人の前にも誠実に生きることは大切です。しかし根本的なところで人間に規定されて生きているか、それともキリストに規定されて生きているかが問題です。

パウロはキリストの真理に生きました。生けるキリストを信じて、真の神を畏れて生きました。ですから「キリストの真実にかけて」誓うのです。

パウロは「このようにわたしが誇るのを、アカイア地方で妨げられることは決してありません」と述べました。コリント教会からの報酬を受けずに働くこと、それがパウロの誇りでした。当然の権利を用いないで働くことが誇りでした。パウロは、この姿勢を貫くことが、とりわけコリント教会においては、霊的前進のために重要であると確信していました。キリストの福音のために、自分の当然の権利を用いない。それをパウロは誇りにしていたのです。

また、コリントの信徒たちから報酬を受け取らないのは、彼らを愛していない、信頼していないからだという非難があったのかもしれません。それゆえパウロは一一節でこう付け加えています。

「なぜだろうか。わたしがあなたがたを愛していないからだろうか。神がご存じです」。

無理解な批判がいろいろとあったのでしょう。それに対してパウロは、すべてをご存知の主にすべてを委ねています。パウロは、神の御前に恥じることのない良心を持って生きていました。それゆえ、神がすべてをご存知であられるということに、委ねることができました。

すべての人に、自分の真意を理解してもらうことはできません。私たちが生きていく中で、誤解されたり、いわれのない非難を受けたりすることは避けられないでしょう。しかし、主の御前に恥じることのない歩みをしているならば、神にすべてを委ねることができます。神がすべてをご存知であられることに安らぎを見出し、すべてを委ねることができるのです。

コリントの信徒たちから報酬を受けずに働くということ、それがパウロの誇りでした。パウロがそのようにしていた第一の理由は、既に見たように、コリントの信徒たちを霊的に高めるためでした。自分を低くして、彼らを高めたいと考えました。

もう一つの理由が一二節に記されています。

「わたしは今していることを今後も続けるつもりです。それは、わたしたちと同様に誇れるようにと機会をねらっている者たちから、その機会を断ち切るためです」。

パウロがコリントの信徒たちから報酬を受けずいるもう一つの理由は、コリント教会に入り込んでいた敵対者たちのことが関係していました。コリント教会には特殊事情がありました。敵対者たちは、パウロがコリント教会から報酬を受け取らないことを批判していましたが、一方で彼らは、そのことに引け目を感じていたのです。パウロが自己犠牲を払って働いていることが、彼らにとって不愉快でした。ですから、彼らとしては、パウロのこの誇りを奪ってしまいたかったようです。自分たちと同じ立場に引き込みたかったのです。

しかしそれを知っていたパウロはそれを拒否しました。敵対者たちは、パウロを自分たちと同じ条件に引き摺り下ろしたいと考えていました。パウロも自分たちと同じ条件で働いているにすぎないと言いたかったのです。しかしパウロはそれを知って、彼らの野望を砕いたのです。

続いてパウロは、敵対者たちがどのような者たちであるかをストレートに語っています。

「こういう者たちは偽使徒、ずる賢い働き手であって、キリストの使徒を装っているのです」（一三節）。

コリント教会に入り込んでいた敵対者は、偽使徒、そして「ずる賢い働き手」でありました。「ずる賢い働き手」とは、人を騙す働き人のことです。人々を騙して、正しい福音から引き離す人です。また彼らは「キリストの使徒を装っている」者たちでした。キリストのことなど何も本気で信じていないにもかかわらず、自らをキリストのための働き人と称していました。外見と中身が全く違うのです。

パウロはストレートに彼らの姿を語り、批判しました。パウロと彼らには何の共通点もありません。ですからコリントの信徒たちは、パウロを取るか、彼らを取るか、二つに一つしかありません。このように記すパウロは、コリントの信徒たちに対して、どちらを取るのかという決断を迫っています。パウロが語る福音か、それとも彼らが語る福音か、そのどちらかを取るしかないのです。

パウロの彼らに対する批判はさらに続きます。一四節、一五節にあるように、パウロは彼らのことを、サタンの手下だと断言しています。サタンが光の天使を装って人々を惑わすように、その手下である彼らも、義に仕える者を装っているにすぎないと言います。神の義に仕えるように装いながら、本当は人々を神から引き離そうとしている者たちにすぎないと言います。

最後にパウロは、この敵対者たちに対する神の審判があることを宣言します。一五節の後半です。

「彼らは、自分たちの業に応じた最期を遂げるでしょう」。

彼らの偽装をすべてご存知の神が、最後には、彼らをそれにふさわしくお裁きになります。

パウロと敵対者との対立は、単なる人間的な対立や、また教会内での教理的な違いということではありません。これはもっと根源的な、真の福音と偽りの福音との対立です。パウロが断言するのは、偽りの福音に生き、それを語って人を惑わす者は、神の裁きが避けられないことです。

教会には多様性があります。それは当然ですし、大切なことです。しかし、福音は一つでなければなりません。イエス・キリストの福音の歪曲は許されません。パウロの熱情はそこにありました。教会において福音が歪められてはならないという点にありました。なぜなら、真の福音にしか救いはないからです。ですからこの点でパウロに妥協はありませんでした。彼は福音の真理のために戦ったのです。

最後の時には、あらゆる偽装は明らかになります。そして一切のことに対して神の正しい裁きがあります。この手紙の五章一〇節で彼は語りました。

「わたしたちは皆、キリストの裁きの座の前に立ち、善であれ悪であれ、めいめい体を住みかとしていたときに行ったことに応じて、報いを受けねばならない」。

神の前に偽装は通用しません。すべては明らかであり、そのすべてに対して、神の正しい裁きがなされます。私たちはその時を見据えて、今を生きる必要があります。神はすべてをご存知であられ、隠されているものは何もありません。どんなに人の前にうまく生きたとしても、それはこの世でしか通用しません。私たちは神の御前に生きる必要があります。

そして人間の偽装は確かに剝ぎ取られるのですが、決して剝ぎ取られないものがあります。パウロはガラテヤの信徒への手紙の中でこう述べました。

「洗礼を受けてキリストに結ばれたあなたがたは皆、キリストを着ているのです」（三・二七）。私たちは、キリストを着ている者たちです。これは決して、剝ぎ取られることはありません。最後の審判のときに、私たちはキリストを着て裁きの座の前に立ちます。そしてこの着ているキリストのゆえに、豊かな報いを受けることができます。

この世の偽装はすべて明らかになり、いずれ裁きがあります。しかし、キリストを着る者には、勝利が約束されています。私たちは、この希望を持って、神の御前に生きることが求められているのです。

何を誇りとして生きるのか

もう一度言います。だれもわたしを愚か者と思わないでほしい。しかし、もしあなたがたがそう思うなら、わたしを愚か者と見なすがよい。そうすれば、わたしも少しは誇ることができる。わたしがこれから話すことは、主の御心に従ってではなく、愚か者のように誇れると確信して話すのです。多くの者が肉に従って誇っているので、わたしも誇ることにしよう。賢いあなたがたのことだから、喜んで愚か者たちを我慢してくれるでしょう。実際、あなたがたはだれかに奴隷にされても、食い物にされても、取り上げられても、横柄な態度に出られても、顔を殴りつけられても、我慢しています。言うのも恥ずかしいことですが、わたしたちの態度は弱すぎたのです。だれかが何かのことであえて誇ろうとするなら、愚か者になったつもりで言いますが、わたしもあえて誇ろう。彼らはヘブライ人なのか。わたしもそうです。イスラエル人なのか。わたしもそうです。アブラハムの子孫なのか。わたしもそうです。キリストに仕える者なのか。気が変になったように言いますが、わたしは彼ら以上にそうなのです。

「誇り」は、パウロにとって非常に重要な概念でした。新約聖書の中で、「誇り」「誇る」と言う言葉は、ほとんどパウロの手紙の中で出てきます。それだけに彼は「誇り」について厳格に考え、自分を誇ることに関して非常に慎重でした。本来すべきことではないと考えていました。しかし、コリントの信徒たちを福音に立ち返らせるために、もしそれが有益なら、あえてそれをしようと考えています。

一六節の冒頭で彼は言っています。

「もう一度言います。だれもわたしを愚か者と思わないでほしい」。

「もう一度言います」は、一一章一節の繰り返しになっていることを指しています。パウロは、自分を誇ることに対して、重ねて躊躇しています。パウロの敵対者たちが、いかに愚かなことであるかを十分に認識していました。しかし、パウロの敵対者たちがコリント教会にやって来て、自分たちのことを誇り、自慢し、それによってコリントの信徒たちを惑わしていました。コリントの信徒たちは、敵対者たちの「自らを誇る話」に引きつけられていました。彼らのことを信頼し、真の福音から逸れてしまいました。

その事態に直面して、パウロは黙っていてはいけないと思いました。パウロが彼らと対抗して自己を誇るのでなければ、彼らはますます惑わされてしまう危険がありました。それゆえパウロは、自己を誇ることがいかに愚かなことであるかを知りつつも、それをせざるを得ないと考えたのです。

一六節の「だれもわたしを愚か者と思わないでほしい」というのは、わたしの言うことを単なる愚か者のたわごととして聞き流さないでほしい。無視しないで、聞いてほしいということです。

しかし一六節の後半では「しかし、もしあなたがたがそう思うなら、わたしを愚か者と見なすがよい。そうすれば、わたしも少しは誇ることができる」と続けています。パウロは自分がしようとしていることが、愚かなことだと知っていました。ですから、「私を愚か者と見なすがよい」と言います。そして、たとえ愚か者の自慢話と感じたとしても、せめてその話を聞いてほしいと訴えています。愚か者扱いされても構わないから、誇る話を聞いてほしいと訴えているのです。

一七節にあるように、パウロは自分を誇ることが、本来「主の御心に従う」ことではないことを十分知っていました。自分を誇ることが、キリストの弟子にふさわしくないことをよく知っていました。キリスト者は本来、自分を誇る人になってはなりません。自分のことを自慢する人になってはなりません。自分を誇る人は、神の前に自分がいかなる存在であるかを忘れている人です。自分がどれほど罪深い者であるかを、知らない人です。

私たちが、もし何か良きものを生み出すことができたとしたら、それはただ神の恵みに他なりません。私たちはすべてのものを与えられて、支えられて生きている存在です。神の恵みがなければ、何一つできない存在です。そんな私たちであるなら、自分のことを誇る余地など何もありません。もし本当にすべてのことが神の恵みによると知っているならば、私たちはただ、神への感謝と賛美に向かうでしょう。しかし、そうではなくて自分を誇ることに向かうとしたら、それは神の恵みを十分に知らないことであり、またそれは主の栄誉を奪っていることに他なりません。

それゆえ、自己を誇るのは、肉の基準に従って行動していることに他なりません。主イエスに従う人のすることではありません。自分自身のことを誇ることは、いわば肉のしるしであり、古い人のしるしに他なりません。

すべてのことは神の恵みによるのですから、キリスト者は本来、自己を誇ることはできません。それが許されるのは、特別な状況だけです。特別な状況とは、それが自分のためではなく、他の人の霊的益になるという状況です。

通常、キリスト者が自分のことを誇る話をして、他の人が霊的に恵まれることはありません。自慢話を聞いて、他の人が恵まれるということはありません。「神の恵みによってこうなった」と聞いても、結局、自分のことを誇っている話であるかどうかは、相手に分かります。そして自慢話であれば、誰も霊的に高められることはありません。その人自身が、いい気になっているだけです。

ですから、パウロは自己推薦、自己を誇ることは、愚かなことだと確信していました。キリスト者はそんなことをすべきではないと確信していました。けれども、コリント教会では、ある特殊な状況が起こっていました。それは、パウロの敵対者たちが、彼らの肉を誇るような話をし、それにコリントの信徒たちが引きつけられていました。惑わされてしまったのです。この状況の中で、パウロはコリントの信徒たちを敵対者たちから引き離すために、あえて自己を誇ろうとしているのです。

つまり、自己推薦や、自己を誇ることが、他者の霊的益になるかもしれないという特殊な状況が生まれていました。それゆえ、あれだけ慎重なパウロが、それに踏み切っていくのです。

このように、パウロが自己を誇るのは、ひとえにコリントの信徒たちのためでした。彼らの目を覚まさせ、敵対者の悪い感化から守るために、自分の本来の原則を曲げて、自己のことを誇ろうとしているのです。

一八節には「多くの者が肉に従って誇っているので、わたしも誇ることにしよう」とあります。パウロの敵対者たちは「肉に従って誇って」いました。「肉に従って誇る」とは、人間的なことを、この世がしているような仕方で誇ることです。

この世で、人が誇りとすることは何でしょうか。自分の能力や、自分の経験や、自分の成果や、自分の地位や、自分の力です。それらはすべて外面的なことです。そうしたものを、自分の名誉のために誇ること、それが「肉に従って誇る」ことです。神の御心を度外視して、自分に栄光を帰そうとすることです。すべてを与えてくださった神に栄光を帰すのではなく、自分の名誉のために誇ることです。

パウロの敵対者たちは、この世の多くの人たちと同じように、この世の基準で自分たちのことを誇っていました。外面的なことを誇っていました。それに対抗してパウロもあえて「私も誇ることにしよう」と言います。彼らの土俵に乗って、彼らの土俵で争おうとします。それがコリントの信徒たちのためになるならば、あえてそれをしようと言うのです。

パウロはコリントの信徒たちの状況に、本当に歯がゆい思いを持っていたと思われます。そもそも、コリントの信徒たちが敵対者たちの誇りに心引かれたこと自体、彼らが肉の基準で生きていたことを示しています。この世の評価基準で、教会の働き人を評価していたのです。

一九節でパウロは「賢いあなたがたのことだから、喜んで愚か者たちを我慢してくれるでしょう」と言っていますが、これは彼らに対する皮肉です。「賢いあなたがた」と言っていますが、本当に賢いと思っているわけではありません。敵対者たちの自慢話に心引かれるようでは、彼らが本当に賢いはずはありません。

　コリントの信徒たちは、もともと自分たちの賢さを誇る傾向がありました。コリントの信徒への手紙一の四章でパウロは、「わたしたちはキリストのために愚か者となっているが、あなたがたはキリストを信じて賢い者となっています」と述べています。

　コリントの信徒たちは、ギリシア語文化圏の影響もあって、知恵ある者となることを望み、そして知恵を得たとして高ぶる傾向がありました。それが落とし穴となりました。この世の知恵に引かれていた彼らは、敵対者の持っていた知恵に引かれ、霊的真理を見失ってしまいました。この世で評価されることに魅力を感じていた彼らは、それによって福音の真理を見失ってしまったのです。

　パウロはその敵対者たちと、コリントの信徒たちがどのような関係になっていたかを二〇節でこう述べています。

「実際、あなたがたはだれかに奴隷にされても、食い物にされても、取り上げられても、横柄な態度に出られても、顔を殴りつけられても、我慢しています」。

　パウロの敵対者たちがコリント教会でどんな態度を取っていたかが分かります。彼らは権威を振りかざして、強硬な態度を取っていました。コリントの信徒たちを、奴隷のように支配し、食い物にしていました。食い物にするとは、強欲に報酬を要求したということでしょう。彼らはコリントの信徒たちから、略奪し、搾取していました。さらにその態度も横柄なものでした。傲慢に威張っていました。「顔を殴りつける」ように、横暴で侮辱的なふるまいをしていました。まさに権力を振りかざした、強硬な態度を取っていたのです。しかしそれにもかかわらず、コリントの信徒たちはその彼らを受け入れ、我慢して、その彼らに従っていこうとしていたのです。

二〇節に記されているのは、偽りの教師の特徴であると言えます。暴君的な権力を振るうのが、偽りの教師の特徴です。そして、恐怖心で信徒たちを支配しようとします。もしも教会にそれに類するような面があるとすれば、その教会は病んでいると言えるでしょう。

では、パウロの敵対者たちがそのような暴君的な支配をしていたのに対して、パウロはどうであったのでしょうか。二一節で彼は「言うのも恥ずかしいことですが、わたしたちの態度は弱すぎたのです」と述べています。自分の態度は弱すぎたと言っています。

パウロは基本的にいつも、愛と柔和でコリントの信徒たちに接していました。パウロは決して、彼らの主人になって、支配しようとはしませんでした。しかしそのパウロが受け入れられず、むしろ強硬な敵対者の方が受け入れられるという現実がありました。それゆえパウロは「わたしたちの態度は弱すぎた」と後悔の念を表明しています。自分たちが弱すぎたことが、かえって彼らが敵対者たちの強さに引かれることになったのではないか。そのような思いを、パウロは抱いたのです。

パウロはいつも、真の使徒らしく、愛と柔和でコリント教会に接してきました。しかしそれによってかえって軽蔑を招いた面がありました。パウロという人は、内省的な面を持っていた人です。自分の罪をいつも見つめ、その根深さを感じていた人です。また、主の御心にいつも心を配り、主が喜ばれないことはしないようにしていました。

彼は、キリスト者としての霊的な精細さ、慎重さを持っていた人です。はったりを利かせて、そういった慎重さや繊細さを投げ捨てて大胆になる人ではありませんでした。それゆえ、敵対者たちのように、強く振舞うことができませんでした。いつも、キリスト者としての良心に生きていた人でした。しかしそうした繊細さや慎重さが、ある弱さになってしまう面がありました。パウロはここで、自分があまりに遠慮がちであったこと、弱すぎたことを反省しています。なぜならコリントの信徒たちが、彼らをやさしく扱い、決して自己の権威や力を主張しないパウロよりも、権力を求める、支配欲旺盛な敵対者にむしろ引かれてしまったからです。

もちろんここに、コリントの信徒たちの問題が表れていると言えるでしょう。彼らが引かれたのはこの世的な強さでした。この世で注目を集めるもの、評価されるものに心を奪われていました。外面的なことに、心を奪われていたのです。

しかしその彼らを、もう一度真の福音に立ち返らせなければなりません。そのために、パウロはあえて自分を誇ろうとしています。外面的なことを誇って、敵対者たちよりも優れている自分自身を示そうとしています。自己を誇るのは、パウロの本来の信仰のあり方から逸脱していました。しかし、コリントの信徒たちのためにそれが必要だと判断して、あえてそれをなそうとしているのです。

長い前置きを終えて、いよいよ二一節の後半から、パウロは誇りとする自分自身のことを語り始めます。

「だれかが何かのことであえて誇ろうとするなら、愚か者になったつもりで言いますが、わたしもあえて誇ろう。彼らはヘブライ人なのか。わたしもそうです。イスラエル人なのか。わたしもそうです。アブラハムの子孫なのか。わたしもそうです」。

パウロがまず取り上げたのは、自らの出生や血統のことでした。これらは敵対者たちが誇っていたことです。彼らは「自分たちはヘブライ人である」、つまり、純粋なユダヤ人の血統であると誇っていました。さらに彼らは「自分たちはイスラエル人である」、つまり、ユダヤ人として社会的にも宗教的にも生きていると誇っていました。さらに彼らは「自分たちはアブラハムの子孫である」と誇っていました。つまり、自分たちはアブラハムの子孫として、神の選びの民であり、約束の民であると誇っていたのです。

この彼らの三つの誇りについて、パウロは、彼らがどう誇ろうと、この点では自分は同じであると明言しました。彼らがどんなに、これらの点で自分たちの優秀性を誇ったとしても、自分はこの点では彼らと全く同じだと主張したのです。

続いてパウロはこう述べました。

「キリストに仕える者なのか。気が変になったように言いますが、わたしは彼ら以上にそうなのです」（二三節）。

ここでは、パウロは彼らとの違いを強調しています。確かにこの敵対者たちも、キリストの僕を自称していました。しかしパウロは、いわば声を荒げて、自分は彼らよりも遥かにすぐれたキリストの僕であると断言しました。ここには、パウロのキリストの使徒としての強い自覚が表れているといえます。

では「キリストに仕える者」「キリストの僕」とはいったい何なのでしょうか。最後にこのことを考えておきたいと思います。

キリストの僕とは何なのか。どういう生き方をする人なのか。私たちが注目したいのは、次回丁寧に学ぶことになる二三節の後半以下の部分です。パウロは、自分は他の人以上にキリストの僕である、と叫びました。そしていわば、その証しとして二三節後半以降が続きます。

そこには何かが書かれているのでしょうか。キリストの僕として、立派に歩んだという記録でしょうか。キリストの僕としての数々の成果でしょうか。そうではありません。パウロはそこで、自らが味わった多くの苦難を書き記しました。つまりパウロにとってキリストの僕になるというのは、多くの苦難を引き受けるということに他なりませんでした。

パウロはキリストの僕であることを誇りとしていました。それゆえに、多くの苦難をこうむったことを誇りました。立派な業績を誇ったのではありません。あれをしました、これをしました、ということを誇ったのではありません。もちろん、しようと思えばそういうことを数えることもできたでしょう。しかしそれをするのではありません。

むしろ、どれほど自分が伝えた福音が拒否されたか、伝道が思うように行かなかったか、それを語ります。成功ではなくて、むしろ失敗を語ります。しかしその中で、ただキリストの僕として生き続けたことを証ししているのです。

パウロにとって、それが誇りでした。思うようにいかないことがいっぱいあった。たくさん失敗をした。苦難の連続であった。しかし、キリストの僕として、キリストに仕える者として生き続けることができたということです。

キリストの僕とは、キリストを主人とする者のことです。自分は自分の主人ではなく、自分には従うべき主人がおられる。その真の主人に、どんな中でも、従い続けたこと、仕え続けたこと、それがパウロの誇りでした。不十分であっても、仕えることが許されたこと、主人に見捨てられなかったこと、それがパウロの誇りであったのです。

私たちの誇りはどこにあるのでしょうか。自分があれをした、これをしたということを誇っても仕方ありません。成功を誇っても仕方ありません。むしろ、どんな中でも、キリストを主として、キリストを信じて生きることができたことを誇るべきです。

私たちは誰しも、多くの失敗をし、困難を抱えながら生きている存在です。しかし、キリストの僕であることを止めませんでした。いや神が、キリストの僕であることを許してくださり、守ってくださいました。

ですから私たちは、キリストの僕であることを誇ると同時に、ただ主なる神を誇るのです。私たちが本当に誇れることは、それしかありません。神の恵みによってキリストの僕とされていることです。この誇りをもって、私たちは、各々の生涯を歩み抜きたいと願います。

一一章二三―三三節
パウロの苦難

キリストに仕える者なのか。気が変になったように言いますが、わたしは彼ら以上にそうなのです。苦労したことはずっと多く、投獄されたこともずっと多く、鞭打たれたことは比較できないほど多く、死ぬような目に遭ったことも度々でした。ユダヤ人から四十に一つ足りない鞭を受けたことが五度。鞭で打たれたことが三度、石を投げつけられたことが一度、難船したことが三度。一昼夜海上に漂ったこともありました。しばしば旅をし、川の難、盗賊の難、同胞からの難、異邦人からの難、町での難、荒れ野での難、海上の難、偽の兄弟たちからの難に遭い、苦労し、骨折って、しばしば眠らずに過ごし、飢え渇き、しばしば食べずにおり、寒さに凍え、裸でいたこともありました。このほかにもまだあるが、その上に、日々わたしに迫るやっかい事、あらゆる教会についての心配事があります。だれかが弱っているなら、わたしは弱らないでいられるでしょうか。だれかがつまずくなら、わたしが心を燃やさないでいられるでしょうか。

　誇る必要があるなら、わたしの弱さにかかわる事柄を誇りましょう。主イエスの父である神、永遠にほめたたえられるべき方は、わたしが偽りを言っていないことをご存じです。ダマスコでアレタ王の代官が、わたしを捕らえようとして、ダマスコの人たちの町を見張っていたとき、わたしは、窓から籠で城壁づたいにつり降ろされて、彼の手を逃れたのでした。

パウロは、異なった福音を宣べ伝える敵対者と自分との違いを、「キリストに仕える者であることの違い」に求めました。彼らがたとえ「キリストの僕」を自称しても、パウロはこの点では、彼らとは違うことを明言しています。

では、どの点が違うのでしょうか。パウロは、自分こそが本当のキリストの僕であると主張していたわけですが、それはいったいどの点に表れるのでしょうか。彼らにはなくて、パウロにあるものとはいったい何だったのでしょうか。パウロが真のキリストの僕であることを証しするのは、いったいどの点なのでしょうか。

パウロはそれを、自分の労苦、苦難に求めました。敵対者たちになくて、自分にあるものとして、自分がこうむってきた苦難、労苦、迫害を挙げました。そしてこれらこそが、キリストの僕にふさわしいものだと考えたのです。

キリストに仕える者は、その生き方全体がキリストに規定されます。そしてキリストに仕える者は、キリストご自身がそうであったように、苦難を経験せざるを得ません。それがパウロの確信でした。キリストの僕であることは、さまざまな苦労をその人に負わせます。パウロは生涯大きな苦労を背負って生きました。キリストを信じ、使徒にならなかったならば、決して負うことがなかった苦労をたくさんしました。

ですからパウロは、そうした苦労こそが、自らが本当のキリストの僕であることの証しであると考えました。それゆえ、彼はここから、自分がどのような苦難を味わってきたかを列挙していきます。

二三節後半は、パウロの苦難に関する総括的な記述です。

「苦労したことはずっと多く、投獄されたこともずっと多く、鞭打たれたことは比較できないほど多く、死ぬような目に遭ったことも度々でした」。

多くの苦労、投獄、鞭打ち、死ぬような危険。それらが繰り返してパウロを襲いました。二四節以下で、より具体的にパウロは自らの苦難を例示していきます。四つの苦難の目録が提示されています。苦難の目録の第一部が二四節、二五節です。

「ユダヤ人から四十に一つ足りない鞭を受けたことが五度。鞭で打たれたことが三度、石を投げつけられたことが一度、難船したことが三度。一昼夜海上に漂ったこともありました」。

「ユダヤ人から四十に一つ足りない鞭を受けたことが五度」とありますが、使徒言行録にその記録はありません。そのことからも分かりますように、使徒言行録に記されているパウロの苦難は、彼の苦難のほんの一部です。

パウロの宣教に対して、ユダヤ人からの反対、迫害が激しかったのは言うまでもありません。パウロはかつて、熱心なユダヤ教徒としてキリスト教会を迫害する者でしたから、彼らから見ればパウロは裏切り者に他なりません。それゆえ、ユダヤ人たちはしばしば、異邦人を扇動して激しく迫害しました。ユダヤ人によって、鞭打ちの刑に処されたこともありました。

「四十に一つ足りない鞭」というのは、申命記二五章三節に記されている鞭打ち刑の方法です。ユダヤ教の規定（ミシュナー）によれば、犯人は両手を柱に縛りつけられ、上半身を裸にされて、子牛の皮で作られた鞭で、胸を一三回、左右の肩をそれぞれ一三回打たれました。それは、その数が満たないうちに命を失うことが珍しくないほど、苛酷な刑でありました。

二五節に記されている「鞭で打たれたことが三度」は、ローマ帝国の官憲によって加えられた刑罰を意味しています。ローマの鞭は、ユダヤの場合と違って、鞭の先に鉛が結びつけられており、そのため受刑者の背中の肉は裂け、血が吹き出して、多くの者は失神してその場に倒れたと言われます。

使徒言行録の一六章には、フィリピでパウロが鞭打たれたことが記されていますので、それがこの三度のうちの一つでしょう。これは本来、ローマの市民権を有する者には加えてはならないものでしたが、現実にはしばしば無視されていたようです。

「石を投げつけられたことが一度」とあるのは、使徒言行録一四章（一九節）にあるリストラでの出来事を指していると思われます。ユダヤ人たちが群集を扇動して、裁判にかけることもなく直接石を投げつけてパウロを殺そうとした事件です。

また、「難船したことが三度」とありますが、これも使徒言行録に記録はありません。パウロには、使徒言行録に載っていない船旅も随分あったのでしょう。当時の航海には、しばしば難船が伴いました。そして一昼夜海を漂ったこともあったのです。

二六節はパウロの苦難の目録の第二部です。

「しばしば旅をし、川の難、盗賊の難、同胞からの難、異邦人からの難、町での難、荒れ野での難、海上の難、偽の兄弟たちからの難に遭い」。

ここで繰り返して「難」と訳されている言葉は、「危険」という意味です。ここでは、旅の途上で経験した多くの危険を明らかにしています。当時の旅行は、今日と違い、多くの危険と背中合わせでした。

「川の難」とありますが、当時の川には橋はほとんどありませんから、旅では川を歩いて渡る必要がありました。それは当然、危険なことでした。また、旅の途中で、追いはぎや山賊などの、盗賊にあう危険もありました。

「町での難」とあるように、町ではユダヤ人や異邦人の暴徒にしばしば襲われました。そのため、彼は危険を避けて荒れ野を旅することがあったのですが、荒れ野にも危険がありました。荒れ野は厳しい環境です。吹き曝しの暴風が吹き、野獣と出会う危険もあります。飢えたり、乾いたり、そして夜は凍えることもありました。

さらに「偽の兄弟たちからの難」がありました。偽兄弟とは、異なった福音を宣べ伝えていたユダヤ主義的キリスト者のことです。彼らは、自分たちを「キリスト者だ」と呼んでいただけに、かえって始末が悪かったのです。

二七節が苦難の目録の第三部です。

「苦労し、骨折って、しばしば眠らずに過ごし、飢え渇き、しばしば食べずにおり、寒さに凍え、裸でいたこともありました」。

大変な苦悩の連続であったことが分かります。「しばしば眠らずに過ごし」とありますが、これは徹夜でお祈りしたということではなく、仕事をしながら宣教していたため、眠る間が十分なかったということです。昼間伝道したため、夜働かなければならなかったのかもしれませんし、逆に、昼間働いて、夜伝道したこともあったと思われます。

二八節が、パウロの苦難の目録の第四部です。

「このほかにもまだあるが、その上に、日々わたしに迫るやっかい事、あらゆる教会についての心配事があります」。

これまで述べられてきたのは、主として肉体的・身体的苦悩でした。それについてもまだ他にもあるのですが、パウロはそれに加えて、精神的・霊的苦悩があったことをここで述べています。「日々わたしに迫るやっかい事」とありますが、こう訳されている言葉は「追ってくる、殺到する」という意味です。圧力、圧迫という意味です。英訳でここに用いられている言葉は、プレッシャー、ストレスという語です。心理的なストレス、内面的なストレスが日々にあったということです。では何についてのストレスなのでしょうか。それは「教会についての心配事」でした。パウロが建てた教会で、彼に心配をかけなかった教会はなかったでしょう。あらゆる教会から、彼のもとにいろいろな問題が持ち込まれていました。パウロはその一つ一つを解決していかなければなりませんでした。彼は教会の心配事で、本当に心をすり減らしていました。

教会にはどんな問題が起こっていたのでしょうか。まず、教理的な問題がありました。誤った福音、誤った教えが入り込んでくる可能性がありました。また、信仰生活の問題がありました。キリスト者として具体的にどう生きたらよいのかが、さまざまな面で問題になっていました。さらに、教会での人間関係の問題がありました。大小さまざまな問題がありました。それらとパウロはいわば格闘していました。

そして聖書の記述の中に見られるように、パウロが努力してもなかなか思うようにはなりませんでした。努力が水泡に帰すこともありました。あるいは、一つが解決しても、次々に新しい問題が起ってきました。そうした中でパウロは、奮闘し、心をすり減らしていたのです。

しかしパウロは、そうしたさまざまな問題そのものに関心を集中させていたのではありません。もちろん、教理の問題や、また具体的な信仰生活の問題は大切です。紛争があればそれを解決することは大切です。

しかしパウロは、そういうさまざまな問題が起こる中で、本当に心を配っていたのは、それらによって傷つき弱ってしまう人たちのことでした。つまずいてしまう人たちのことでした。パウロは二九節でこう述べています。

「だれかが弱っているなら、わたしは弱らないでいられるでしょうか。だれかがつまずくなら、わたしが心を燃やさないでいられるでしょうか」。

パウロの本当の心配がどこにあったかを表している御言葉です。パウロは、教会のさまざまな問題によって、それに巻き込まれて、弱ってしまう人たちのことを心配していました。

教会に集まる人たちは多種多様です。そして一人ひとりが、さまざまな強さや弱さを担っています。肉体的な弱さを持つ者たちもいますし、精神的な弱さを持つ者たちもいます。信仰においても、やはり強さや弱さがあるでしょう。そういう多種多様な人たちが集まっている教会で、何か問題が起きるとき、やはり弱い人たちが、その問題によって、とりわけ辛くなってしまうということが起ります。パウロはそのことに特に心を留めています。教会の諸問題に振り回されて弱っている人たちに同情しています。「だれかが弱っているなら、わたしは弱らないでいられるでしょうか」とは、人の弱さや苦しみを、自分自身のことのように感じているということです。

教会はいつも、弱い人のことを考える姿勢を持つ必要があります。そのことによって、弱い人たちがどんな影響を受けるか、ということを考える必要があります。弱い人が、辛い状況にならないように、いつも心を配る必要があるのです。

「だれかがつまずくなら、わたしが心を燃やさないでいられるでしょうか」とパウロは述べました。「つまずく」は「罠にかける、罪に誘惑する」の受身形ですから、誰かによって、不信仰や罪に誘惑されるということでしょう。誰かの誘惑によって、信仰から離れるような人が出ていました。その時パウロは「心を燃やさないではいられない」と言います。

パウロが心を燃やしたのは、信徒たちを惑わした者たちへの怒りと、つまずいてしまった者たちへの愛の思いだと言えます。小さい者たちを惑わした偽教師たちに対して、パウロは激しい怒りを感じています。同時に、つまずいて信仰から離れてしまった者たちに対して、いても立ってもいられないような悲しみを感じています。

このように、パウロが教会について、本当に心を砕いていたのは、弱い人やつまずきやすい小さな人たちのことでありました。彼が情熱を傾けたのは、何か抽象的な真理問題や、具体的な紛争の解決ではなく、教会に生きていた人間そのもののことでした。教理的な真理や、信仰生活の具体的な問題の解決が重要なのは、言うまでもありません。しかし彼が、いつも心を配っていたのは、具体的な教会の人たちのことでした。感情が揺さぶられたのは、教会の人たちが、弱くなったり、つまずいたりしたことでありました。

パウロは、自分のことで、感情的になるのではありません。自分のために怒るのではありません。イエス・キリストの民のために、とりわけ弱く小さな者たちのために、彼は心を配りました。それが、教会に求められている姿勢なのです。

以上、パウロは自らの誇りとして、具体的な苦難を列挙してきました。その結論が三〇節です。「誇る必要があるなら、わたしの弱さにかかわる事柄を誇りましょう」。「弱さを誇る」のですから、人間的なこと、肉的なことを誇りません。パウロの敵対者たちは、自分たちの基準、この世の基準で、自分たちのことを誇っていました。自分たちのどこが優れているか、どの点が強いかを誇っていました。けれどもパウロは、彼らとは正反対に、自分の弱さを誇ります。この世で評価される強さを誇るのではありません。

ここに記された苦難のリストは、いわばパウロがどれほど弱さに直面してきたかという記録です。苦難とは、言い換えれば、彼の宣教が思うように行かなかったために起こったことです。彼は、拒否され、迫害され、そして何度も死に直面しました。伝道者として華々しく成功したのではなく、失敗を繰り返しました。成功した成果ではなく、むしろ失敗した記録を、自分の弱さとして語っています。

失敗の記録、弱さの記録ですから、この世の基準からすれば、それは本来誇りにはなりません。しかしパウロはそれを誇ります。なぜなのでしょうか。それは、主なる神は、弱い者をこそ用いてくださると確信しているからです。いや、主なる神が、多くの弱さ、苦難を通して、働いてくださったと確信しているからです。

キリストの恵みは、人間の強さや立派さを用いて働くのではありません。むしろ逆です。キリストの恵みは、人間の弱さを媒介として働きます。弱い者を通して、神は働かれます。それゆえ、人間が讃えられることなく、神の栄光だけが現されるのです。そして神の栄光だけが現されるところに、キリスト者の本当の誇りがあるのです。

パウロは、以上述べてきたことが真実であることを、神を証人として確認します。それが三一節です。

「主イエスの父である神、永遠にほめたたえられるべき方は、わたしが偽りを言っていないことをご存じです」。

パウロは多くの苦難を列挙しましたけれども、それが誇張ではなく真実であることを、神を証人として宣言しているのです。

一一章の三二節、三三節に、やや不自然とも言えるような苦難の追加の記事があります。ダマスコで、ユダヤ人たちがパウロに反対して暴動を起こし、パウロは窓からかごで吊り降ろしてもらって逃げることができたという事件です（使徒九・二三―二五）。

なぜその事件が、ここに記されているのでしょうか。それはこれがパウロにとって、迫害の辱めを受けた最初の経験であったからです。パウロの苦難の生涯の最初に起こった出来事です。それは彼の心に、消えることのない刻印を残したのでしょう。

ダマスコにおいて、パウロは、イエス・キリストを宣べ伝えて、憎まれ、殺されそうになりました。ここから、彼の苦難の生涯は始まりました。それ以来一貫して、彼の生涯は苦難ばかりでした。けれどもパウロは、その苦難こそ、「キリスト者のしるし」と考えていました。フィリピの信徒への手紙によれば、パウロは「キリストのために苦しむことも恵みとして与えられている」(一・二九)と述べています。信仰のための戦いや苦難は、決して偶然ではありません。それは神から与えられたものです。

苦難がなぜ恵みなのでしょうか。これは、誰よりもひどい苦難を受けたパウロしか答えることができない問いかもしれません。パウロは、苦難を自分の弱さの事柄として語り、そしてその弱さの中でこそ、神の御業がなされると確信していました。苦難を通して、人は、自らを誇る者から神によりすがる者とされます。それゆえ苦難を通して、人ははじめて、神に用いられる人となるのです。

誰にとっても、苦難は好ましいものではありません。しかし、苦難もまた神の御手の内にあります。そして私たち罪人は、苦難を通して初めて、成長できる面があります。苦難の中で、また弱さの中で、主は働いてくださいます。その恵みを知る者こそが、幸いなのであります。

一二章一―一〇節

自分の弱さを誇る

わたしは誇らずにいられません。誇っても無益ですが、主が見せてくださった事と啓示してくださった事について語りましょう。わたしは、キリストに結ばれていた一人の人を知っていますが、その人は十四年前、第三の天にまで引き上げられたのです。体のままか、体を離れてかは知りません。神がご存じです。わたしはそのような人を知っています。体のままか、体を離れてかは知りません。神がご存じです。彼は楽園にまで引き上げられ、人が口にするのを許されない、言い表しえない言葉を耳にしたのです。このような人のことをわたしは誇りましょう。しかし、自分自身については、弱さ以外には誇るつもりはありません。仮にわたしが誇る気になったとしても、真実を語るのだから、愚か者にはならないでしょう。だが、誇るまい。わたしのことを見たり、わたしから話を聞いたりする以上に、わたしを過大評価する人がいるかもしれないし、また、あの啓示された事があまりにもすばらしいからです。それで、そのために思い上がることのないようにと、わたしの身に一つのとげが与えられました。それは、思い上がらないように、わたしを痛めつけるために、サタンから送られた使いです。この使いについて、離れ去らせてくださるように、わたしは三度主に願いました。すると主は、「わたしの恵みはあなたに十分である。力は弱さの中でこそ十分に発揮されるのだ」と言われました。だから、キリストの力がわたしの内に宿るように、むしろ大いに喜んで自分の弱さを誇りましょう。それゆえ、わたしは弱さ、侮辱、窮乏、迫害、そして行き詰まりの状態にあっても、キリストのために満足しています。なぜなら、わたしは弱いときにこそ強いからです。

一二章一節から一〇節には、主として二つのことが述べられています。一つは、パウロ自身に与えられた特別な霊的体験について。もう一つは、パウロの肉体に与えられていた「とげ」についてです。それらのことが、パウロの誇りとの関係で述べられています。

一一章の後半では、パウロは自らがキリストの僕としてどれほど苦労したかを列挙し、それを誇りました。一二章に入り、パウロはもう一つのことを誇ります。それは、一節にあるように、主の幻と啓示が与えられたという経験です。おそらく敵対者たちも、何らかの霊的体験というものを誇りとしていたのでしょう。そこでパウロも、それに対抗して語っているのだと思われます。

しかしパウロはここで、非常にユニークな書き方をしています。二節にはこうあります。

「わたしは、キリストに結ばれていた一人の人を知っていますが、その人は十四年前、第三の天にまで引き上げられたのです。体のままか、体を離れてかは知りません。神がご存じです」。

「わたしは、キリストに結ばれていた一人の人を知っています」と言っているのですが、実はその「キリストに結ばれていた一人の人」というのはパウロ自身を指しています。つまりパウロはここで、自分自身のことを全く客観的に三人称で語っています。

パウロはなぜこのような書き方をしたのでしょうか。自分に与えられた幻と啓示の体験なのですから、「私がそのような体験をした」と語ればよいではないでしょうか。しかし、あえてそうしないのです。なぜなのでしょうか。

これはおそらく、パウロが、この経験を極めて特別なものと考えていたからだと思われます。つまり、その体験を今の自分と切り離して、特別扱いしています。パウロは、この体験は、パウロだから与えられたもの、つまりパウロの能力や努力のゆえに与えられたのではなく、全く特別な神の御業であることを強調したかったのです。「わたしがこうした体験をした」と述べれば、どうしてもその「わたし」に引きつけてしまう可能性があります。それゆえ、今の自分と切り離して「キリストに結ばれていた一人の人」と三人称で呼んでいます。

その経験は、一四年前に起こったとパウロは言っています。正確には分かりませんが、使徒言行録一一章に記されているアンティオキアに一年間滞在していた時のことかもしれません。パウロは使徒でしたから、神から幻や啓示を受けることがしばしばありました。しかし、「一四年前」と特に記されていることは、これは他の幻や啓示とは別の、特別のものであったことが分かります。一度限りの強烈な特別な体験でありました。

パウロはそれを「第三の天にまで引き上げられた」と表現しています。当時のユダヤ人は、天はいくつかの層に分かれていると考えていたようですが、「第三の天」とは最も高い天のことです。最高の天に引き上げられたと言います。

さらにパウロは「体のままか、体を離れてかは知りません。神がご存じです」と言います。同じ言葉が三節でも繰り返されるのですが、パウロはその体験が、体のままか、体を離れてか、自分で知らないと言います。おそらく、彼が一人で祈っていた時に、忘我的な状態に陥って、天界に引き挙げられる体験をしたのです。この経験は全く、神の行為でした。キリストの御力によって栄光の中に挙げられたのです。しかしそれがどのようなものであったかを、パウロは知らないのです。神だけがご存知なのです。

同じ体験を、パウロは四節で「楽園にまで引き上げられ」と言っています。楽園というのはパラダイスという言葉です。そしてパウロは自らが体験したことを一つだけ述べています。それが四節後半にある「人が口にするのを許されない、言い表しえない言葉を耳にした」ということです。

「人が口にするのを許されない言葉」という表現は、当時の密儀宗教の用語を借用しているもので、神聖で口にしてはいけない言葉、人間が語ってはいけない言葉の意味です。パウロは第三の天に上げられて、そのような特別な言葉を聞いたと言います。天界の言葉、天的な奥義の言葉、天使の不思議な言葉、天使の合唱を聞いたと言うことです。しかしパウロは、そのことしかここで語りません。第三の天に挙げられたその体験を詳しく述べるのではありません。

この第三の天にまで挙げられた体験が、パウロにとって極めて特別な体験であったのは確かです。おそらくそれは、彼自身にとっては誇らしい体験でした。彼は、その体験を思い起こせば、心に抑えきれない喜びがもたらされたのでしょう。この経験によって彼が、霊的に強められ、新しい力を得たのは確かです。

しかしこの体験は、パウロに与えられた特殊な体験でした。全く個人的な体験でした。ですから彼は、この体験をこれまで誰にも語ってきませんでした。自分にとっては誇らしいものでしたが、他の人に誇るべきことだとは思いませんでした。なぜなら、他の人に語っても、それが誰かの益になるとは思えなかったからです。しかし、コリント教会に入り込んだ敵対者たちに対抗するために、彼は一四年前の自らの体験を初めて語ったのです。

通常パウロは、自らのこうした霊的体験を語りません。異教宗教では、霊的指導者が自らの霊的体験を誇らしげに吹聴していたかもしれません。しかしパウロは、原則として霊的体験は語りません。なぜなら、こうした体験は、福音の本質とは関係ないと考えていたからです。霊的な体験というのは、本人の信仰にしか益になりません。ですから、与えられて益になった人はそれに感謝すればよいのですが、決してそれを誇ったりすべきではありません。またそのような体験自体を追求すべきではありません。

パウロは、必要に迫られて、自らの特別な霊的体験を語りましたが、それは非常に慎み深い仕方です。彼はこうした体験を、他の人に勧めようとは決してしないのです。

続く五節にこうあります。

「このような人のことをわたしは誇りましょう。しかし、自分自身については、弱さ以外には誇るつもりはありません」。

ここでもパウロは自分のことを「このような人」と言って、客体化しています。一四年前に特別な霊的体験をしたパウロ。それを誇るといいますが、しかしその特別な体験をした時のパウロを、今の自分自身と区別しています。そして今の自分については、弱さ以外に誇るものがないと言います。

そしてパウロは、この誇ることができる特別な霊的体験についても、詳しくは語りませんでした。六節前半にあるように、その体験は真実なのですから、それを誇ったとしても愚かにはなりません。けれどもパウロは、詳しく語ろうとはしません。その理由が、六節後半にあります。

「だが、誇るまい。わたしのことを見たり、わたしから話を聞いたりする以上に、わたしを過大評価する人がいるかもしれない」

パウロが霊的体験を詳しく語らないのは、それによって人々が自分のことを過大評価することを警戒したからでした。神秘的な体験について詳しく述べれば、たとえそれが真実であったとしても、どうしても人々を自分に引きつけてしまう危険があります。コリントの信徒たちが、実際にパウロを見たり、パウロから聞いたこと以上に、パウロを過大評価してしまう可能性があります。パウロはそれを避けたかったのです。

特別な体験が語られれば、どうしても人々の関心がその体験者であるパウロに向かう可能性があります。キリストではなく、福音ではなく、パウロに関心が向いてしまう。それをパウロは何より避けたかったのです。

パウロはコリントの信徒たちが、自分に引きつけられることを望みません。パウロは、特別な体験をしたことを、自分を高めるための手段として利用するつもりはありません。

パウロが願っていたのは、現実のパウロの姿と言葉によって、彼を評価してくれることでした。キリストの僕として、言葉と業で奉仕している自分を見てほしいと願っていました。例外的な経験で、自分を判断してほしくはなかったのです。

パウロは確かに、自分が天にまで引き上げられたという経験を、誇りに思っていました。しかし、それが他の人の益にはならないことを知っていますから、詳しくは語りませんでした。それを語り誇ることが、他者の本当の益になるかどうかを、いつも心に留めていたのです。

誇りは人間にとって非常に大切なものです。何を誇るかということに、その人自身が現れると言っても言い過ぎではありません。そして誇りというのは、その人自身にとって重要であるだけでなく、周りの人にも影響を与えるものです。すなわち、その人がどのように自分を誇るかということが、その人の周囲の人間関係にも影響を及ぼします。

ですからパウロは、誇ることについて本当に慎重に心を配りました。丁寧な言い回ししかしません。それほど彼は、誇りにまつわる人間の弱さを知っていました。その人がどんな誇りを持っているかということが、その人を生かす場合もあれば、ダメにしてしまう場合もあります。つまらない誇りを持っていれば、つまらない人間になってしまいます。また、人間の誇りから出る言動が、他の人の妬みや憎しみを買う場合もあります。嫉妬を掻き立てる場合もあります。

それほど誇りというのは、人間が具体的にどのように生きるかということに決定的な影響を持ちます。それだけにパウロは、この問題を本当に慎重に扱っているのです。

私たちも、誇りについて、無頓着であってはなりません。自分が何を誇りとしているかということは、自分と神との関係、また自分と隣人との関係に深く関わっています。何を誇りとしているかに、その人自身が現れているのです。

もう一つのポイントが七節から一〇節です。新共同訳聖書は、七節の前半の部分を、六節につながるように訳していますが、この部分は七節にかけて訳すことができます。その場合は、次のようになります。

「また、あの啓示のすばらしさの故に、私が思い上がらないために、私の肉体には刺が与えられた」。おそらくこれが素直な読み方だと思います。パウロには、先に述べたように特別な啓示が与えられました。しかしそれはやはり、高慢を招く危険性がありました。そこでパウロを謙遜にするために、神は彼の肉体に刺を与えられたということです。

パウロの肉体には刺がありました。それはいったい何なのでしょうか。歴史上、さまざまな解釈がなされてきましたが、これが何らかの病気を指しているというのが、今日の一般的な理解です。そして病気の種類については、二つの説が有力視されています。一つは、それが目の病気だということです。このパウロの肉体の刺に言及しているもう一つの御言葉が、ガラテヤの信徒への手紙四章一三節以下です。一三節、一四節にこうあります。

「知ってのとおり、この前わたしは、体が弱くなったことがきっかけで、あなたがたに福音を告げ知らせました。そして、わたしの身には、あなたがたにとって試練ともなるようなことがあったのに、さげすんだり、忌み嫌ったりせず、かえって、わたしを神の使いであるかのように、また、キリスト・イエスででもあるかのように、受け入れてくれました」。

パウロの身には、人々の試練ともなるようなものがあったと言います。続く一五節にこうあります。

「あなたがたのために証言しますが、あなたがたは、できることなら、自分の目をえぐり出してもわたしに与えようとしたのです」。

ここに目のことが出てきます。ガラテヤの信徒たちが、自分の目をえぐり出して与えようとしてくれた。だから、パウロの肉体の刺は、目の病気ではないかと言われるのです。

もう一つの可能性としていわれるのは、パウロの病気は、てんかん性の発作ではなかったかということです。目が見えなくなることを伴うそのような発作のことではないかと考える者たちがかなりいます。

パウロの病気が何であったか、確かなことは分かりません。しかしそれが、使徒としての働きの妨げになっていたのは確かです。ガラテヤの信徒への手紙が述べていたように、人々の試練になるような病気でした。

パウロはこの病気のことを「わたしを痛めつけるために、サタンから送られた使いです」と述べています。「痛めつける」と訳されている言葉は、「なぐる、打つ」という意味の言葉です。パウロはその病気に苦しめられていました。それが福音宣教の妨げになっているため、サタンがそれを利用していると考えたのです。

この肉体の刺が、パウロの働きの障害になっていました。そこで八節にあるように、パウロはこれを離れさせてくださるように、三度主に願いました。「三度」とは、たびたび、繰り返しという意味だと思われます。しかし主の答えは、次のようなものでした。

「わたしの恵みはあなたに十分である。力は弱さの中でこそ十分に発揮されるのだ」（九節）。

肉体の刺を取り去ってほしいというパウロの願いに対して、主は「わたしの恵みはあなたに十分である」と言われ、神の力は弱いところに現れるという事実を思い起こさせられました。肉体の刺を取り去ってほしいというパウロの願いに対して、神は、その刺がパウロには必要であると言われたのです。

私たちにも、「これさえなければ」と思うような刺があるのではないでしょうか。弱さがあるのではないでしょうか。そして、それが取り去られるように、祈るのではないでしょうか。もちろん、そのような祈りは、誤った祈りではありません。

しかし、私たちに弱さがなかったならば、どうなのでしょうか。弱さがなかったら、私たちは、本当に神のために生きるのでしょうか。弱さがなかったら私たちは、本当に信仰熱心になるのでしょうか。そうではないと思います。弱さがなければ、私たちは、いよいよ自分を誇り、自己中心に考え、生きてしまうのではないでしょうか。

弱さが与えられているがゆえに、私たちは、本気で神を求めている面があります。弱さがあるから、痛みがあるから、本気で神に祈る面があります。まさに神は、この面でも、人の弱さを用いて御業をなさっています。

主の恵みは、パウロの弱さの中で発揮されました。パウロの弱さが、主が恵みを働かせる場となりました。神の力は、人の弱さと切り離されないものです。むしろ、神の力は、弱さの中で完全に現れます。

神は私たちに対して、最善をなしてくださるお方です。客観的には確かに、自分の弱さ、欠点としか思われないものであっても、自分にとっては耐え難いものと思われるものであっても、そこに神の深い配慮とご計画があります。そこで神は働かれて、私の益となるようにしてくださいます。そのような神の御業によって、私たちをご自身の栄光の器としてくださるのです。

ですから、私たちに弱さがある、欠けがあるということ自体は、決して、神から見捨てられていることではありません。自分の弱さを知って、絶望し、嘆く必要はありません。むしろ自分の弱さは、神の恵みの働く場所なのです。神の恵みは、私たちの弱さの中でこそ働くのです。

一〇節でパウロは、肉体の刺を通して学んだ教訓を、使徒としてのあらゆる苦難に適用しています。「それゆえ、わたしは弱さ、侮辱、窮乏、迫害、そして行き詰まりの状態にあっても、キリストのために満足しています。なぜなら、わたしは弱いときにこそ強いからです」。

パウロは自分の弱さも、また福音宣教のゆえに与えられているさまざまな苦難も、すべてキリストのために与えられているのだから、それを喜び、満足すると言います。キリストの栄光が現されるならば、自らの弱さも苦難もいとわないと言います。

一〇節後半の言葉が、パウロの誇りに関する記述の一つの結論と言えるでしょう。

「わたしは弱いときにこそ強い」。

この逆説が、パウロの結論です。パウロの生来の弱さの中に、キリストの力が働き、それがパウロの強さとなりました。生来の強さ・弱さが本当の強さ・弱さではありません。むしろ、どんな弱さも、また苦難も、キリストの恵みの働く場となります。それがパウロの確信でした。

神はあえてパウロに肉体の刺を与えられました。それがパウロにとって、辛いことであるのは言うまでもありません。しかし神は、それを通してご自身の御業をなそうとされました。

神は、ご自身の力を現すために、私たちに刺を、弱さを与えられます。刺や弱さがなければ、私たちは傲慢になるのです。神をないがしろにして、自分を誇り始めるのです。私たちは、生来、そういう性質を持っている者たちです。

ですから神は、あえて、私たちにそれぞれ刺や弱さを与えられました。そして、私たちの弱さを通して、キリストが働かれます。キリストが力強く働いてくださいます。それゆえ私たちも、パウロと共に「わたしは弱いときにこそ強い」と語ることができるのです。

この世的に言えば、人の弱さや苦難は、マイナスでしかありません。しかし、キリストにあれば、決してマイナスで終わりではありません。それはプラスになります。それがキリストの恵みです。

そしてこの恵みのゆえに、私たちはどんな中にあっても、大きな希望と喜びをもって生きられます。このキリストの恵みを信じ、生かされる者は、本当に幸いなのです。

教会に対するパウロの愛

わたしは愚か者になってしまいました。あなたがたが無理にそうさせたのです。わたしが、あなたがたから推薦してもらうべきだったのです。わたしは、たとえ取るに足りない者だとしても、あの大使徒たちに比べて少しも引けは取らなかったからです。わたしは使徒であることを、しるしや、不思議な業や、奇跡によって、忍耐強くあなたがたの間で実証しています。あなたがたが他の諸教会よりも劣っている点は何でしょう。わたしが負担をかけなかったことだけではないですか。この不当な点をどうか許してほしい。わたしはそちらに三度目の訪問をしようと準備しているのですが、あなたがたに負担はかけません。わたしが求めているのは、あなたがたの持ち物ではなく、あなたがた自身だからです。子は親のために財産を蓄える必要はなく、親が子のために蓄えなければならないのです。わたしはあなたがたの魂のために大いに喜んで自分の持ち物を使い、自分自身を使い果たしもしよう。あなたがたを愛すれば愛するほど、わたしの方はますます愛されなくなるのでしょうか。わたしが負担をかけなかったとしても、悪賢くて、あなたがたからだまし取ったということになっています。そちらに派遣した人々の中のだれによって、あなたがたをだましたでしょうか。テトスにそちらに行くように願い、あの兄弟を同伴させましたが、そのテトスがあなたがたをだましたでしょうか。わたしたちは同じ霊に導かれ、同じ模範に倣って歩んだのではなかったのですか。

一一節でパウロは「わたしは愚か者になってしまいました」と語りました。誇る内容は、敵対者たちとはかなり違いましたが、それでもパウロは、自己を誇ることは愚かなことであるという深い自覚を持っていました。

一一章以下で見てきたように、パウロは繰り返して「愚か」ということに言及してきました。自己推薦は愚かだという文脈ですが、パウロが愚かになったのは、キリストのためであったと言えます。

パウロとすれば、自己推薦をしなければならない現実は、本当に不本意なことでした。なぜなら、本来ならば、コリントの信徒たちが、パウロが使徒であることを証言して、推薦するのが当然であったからです。三章一節に記されていたように、コリント教会は本来パウロの「推薦状」でした。本当はコリントの信徒たちが、パウロの宣教の働きを証しし、彼が本当の使徒であることを語るべきでした。

なぜなら、コリント教会の信徒たちは、パウロの宣教によって回心に導かれた者たちであるからです。またパウロが使徒としてなした、言葉と業による宣教を実際に見聞きしていたからです。ですから当然、彼らこそがパウロを推薦すべきでした。

しかし、彼らは敵対者たちに惑わされて、それをしませんでした。そこでパウロは、自分でせざるを得なくなりました。まさに、一一節にあるように、コリントの信徒たちが「無理にそうさせた」のです。本来、すべき人がしないために、せざるを得なかったのです。

パウロの自己推薦は、自分のためのものではありませんでした。自分の名誉のためではありません。あくまで、惑わされていたコリントの信徒たちのためです。彼らを、真の福音に立ち返らせるために、愚かなことと自覚していた自己推薦をパウロはしたのです。

パウロは教会のために、自らが愚かになることを選びました。パウロは、教会をキリストの体と信じていましたから、彼はキリストのために愚かになることを選びました。そして、キリストのために愚かになるとは、抽象的なことではなく、具体的な教会のために自らが愚かになることでした。

教会の益のために自分が愚かになる。それがパウロの姿勢でした。教会が正しく、健全に歩めるために、自分が低められ、損をすることを辞さないのです。教会にとって益になるかどうか、それが彼自身の判断基準であったのです。

一一節の後半にあるように、パウロは「大使徒」と自称していた敵対者たちに、少しも引けをとらなかったのは言うまでもありません。しかし彼らは、パウロが生前の主イエスの弟子ではなかったことを理由にして、パウロの使徒性に疑いをかけていました。それに対してパウロは、一二節でこう答えています。

「わたしは使徒であることを、しるしや、不思議な業や、奇跡によって、忍耐強くあなたがたの間で実証しています」。

新共同訳聖書は、「わたし」パウロを主語にして、パウロが「実証している」と訳していますが、原文の文章は受身形です。つまり、わたしが実証している、という文章ではなく、神が、私が使徒であることを、しるしや不思議な業や奇跡によって、示してくださったという意味です。パウロは、それが、神によってなされたものであることを示すために、受身形を用いています。

福音書に記されているように、主イエスは弟子たちに対して、奇跡を行う力を召命と共に与えられました。それゆえ、使徒言行録の記事を見ると、一二弟子たちが奇跡を行っている記録を見出すことができます。このことが、パウロにも当てはまります。パウロは使徒として、奇跡を行う力にあずかっていました。ローマの信徒への手紙一五章で、パウロはこう述べています。

「キリストは異邦人を神に従わせるために、わたしの言葉と行いを通して、また、しるしや奇跡の力、神の霊の力によって働かれました」（一五・一八―一九）。

使徒たちには奇跡を行う力が与えられていました。それはパウロも同様でした。使徒というのは、聖書が完結する前の時代に、神の言葉を担う特別な役割が与えられた人たちです。ですから、神の言葉に伴う力を証することが許されていました。

しかし聖書が完結した後は、もはや使徒は存在しません。そして、使徒を通して証しされた神の言葉のリアリティは、聖書を通して、今日の私たちに示されています。今日、神の言葉の権威と力は、特定の人間のカリスマによって示されるのではなく、あくまで神の言葉である聖書を通して示されるのです。

パウロは、自らが真の使徒として、他の使徒たちと同様に、奇跡を行う力が与えられていることを証ししました。ですから、そのパウロによって生まれたコリント教会は、他の教会と比べて、何ら劣っていることはありません。非常に多くの賜物を、パウロから受けてきました。しかし、一つだけ、コリント教会が他の教会と違う点がありました。それについて一三節でパウロはこう述べています。

「あなたがたが他の諸教会よりも劣っている点は何でしょう。わたしが負担をかけなかったことだけではないですか。この不当な点をどうか許してほしい」。

コリント教会が他の教会と違う点、それは、パウロが経済的負担をかけなかったことです。コリント教会からは報酬を受け取ろうとしなかったことです。

パウロはなぜ、コリント教会からの報酬を受け取らなかったのでしょうか。それがパウロの牧会的判断でした。コリント教会の信徒たちの霊的益のためであったことは確かです。それはコリントの信徒たちが思い上がるのを、阻止するためであったのかもしれません。パウロがもしコリントの信徒たちから経済的援助を得たなら、彼らは「自分たちがパウロの面倒を見てやっている」と考える危険がありました。自分たちが、パウロを雇っていると考える危険がありました。

コリントの信徒への手紙一、九章（一四節）に記されていたように、パウロは伝道者が教会によって支えられるのは当然だと考えていました。単に彼が考えていたというのでなく、それは主イエスの指示だとパウロは述べました。ですから、原則から言えば、パウロがコリントの教会から報酬を得るのは当然でした。しかし彼は、そうしませんでした。なぜなのでしょうか。それは、コリント教会から報酬を得ることが、コリント教会の霊的益にならないと判断したからです。

彼はコリント教会の劣っている点として、「わたしが負担をかけなかったことだ」と言いました。

これは皮肉が込められています。つまり、負担をかけることが益にならない教会の実体がある、ということを言っているのです。安心して経済的負担をお願いできないような実体が、コリント教会にはあると言っているのです。

コリントは経済都市として繁栄していましたから、コリント教会は他の諸教会と比べれば、経済的には恵まれていました。しかしパウロは、貧しいマケドニアの教会に経済的に支えてもらっても、コリントからの援助を受けようとはしませんでした。それが、霊的益にならない、と判断したからです。現実的に考えれば、コリント教会に経済的負担をかけるのが自然でした。しかし彼は、愚直なまでに「教会の益」を考え、それを追求したのです。

一四節にあるように、パウロは三度目のコリント訪問の準備をしていました。一回目の訪問は、彼の開拓伝道的な訪問でした。二回目の訪問は、彼が非常に辛い目にあった訪問でした。そして三回目の訪問は、コリントの信徒たちが異なる福音を宣べる敵対者たちに惑わされているという状況での訪問になります。パウロは今回の訪問では、対決を辞さない覚悟をしていました。一〇章二節には「わたしたちのことを肉に従って歩んでいると見なしている者たちに対しては、勇敢に立ち向かうつもりです」とありましたし、一三章二節にも「今度そちらに行ったら、容赦しません」とあります。対決覚悟の訪問となります。

それゆえ訪問の目的は、惑わされているコリントの信徒たちを取り戻すことにありました。一四節に「わたしが求めているのは、あなたがたの持ち物ではなく、あなたがた自身だからです」とあるのは、そのことを指しています。パウロが求めていたのは、コリントの信徒たち自身でした。彼らを、真の福音のもとに取り戻すこと、キリストのもとに取り戻すことが、彼の訪問の目的です。

しかし、コリント教会の中には、本当にパウロに対する非難・中傷が蔓延していたようです。パウロが、コリント教会に経済的な負担をかけないでいたことも、非難の的になりました。パウロに加えられていた中傷は、生やさしいものではありません。一六節にあるように、パウロは悪賢くて、だまし取っているという非難がなされていました。

なぜ報酬を受け取らないでいることが、「悪賢くて、だまし取る」ことになるのでしょうか。パウロの敵対者たちは、パウロは狡猾な策略を用いていると非難していたようです。

「パウロに騙されてはいけない。負担をかけないことで関心を集め、結局、あなたがたを思いのままに支配しようとしているのだ。だまし取ろうとしているのだ。これはパウロの策略なのだ」と述べていたようです。

さらには、パウロはあなたがたに負担をかけない代わりに、あのエルサレムの貧しい信徒たちへの献金を、着服しているに違いない、という中傷もなされていました。加えて、「パウロは自分では報酬を受け取っていないけれども、彼が派遣した人たちを通してそれを受け取っている。受け取っていないというのは、ポーズにすぎない」という中傷もあったようです。

生やさしくない中傷がパウロに加えられていました。そしてコリントの信徒たちも、それに惑わされていました。パウロにとってそれが、深い悲しみであったのは言うまでもありません。彼にとってコリント教会は、自分の愛する子どものようなものでした。彼がコリント教会に負担をかけたくないということには、そのような動機も働いていました。一四節の後半から一五節にこうあります。「子は親のために財産を蓄える必要はなく、親が子のために蓄えなければならないのです。わたしはあなたがたの魂のために大いに喜んで自分の持ち物を使い、自分自身を使い果たしもしよう」。

パウロは自分をコリント教会の親と考えていました。子どもに対するような愛を持っていました。当時の習わしでは、親は子どものために貯蓄する義務はあっても、子どもが親のために貯蓄しておく義務はありませんでした。それを、自分とコリント教会に当てはめています。だから、負担をかけないというのです。

それどころかパウロは、子どもであるコリント教会のために、喜んで支出すると言います。「わたしはあなたがたの魂のために大いに喜んで自分の持ち物を使い、自分自身を使い果たしもしよう」。持ち物だけでなく、自分自身も使い果たそうと言います。コリントの信徒たちは、敵対者たちと共に、パウロのことを悪く思っていました。しかしパウロは、自分を不当に非難する人たちに対しても、なお、親の子に対するような愛を示そうとしています。「自分自身を使い果たす」というほどの、徹底的な自己犠牲の覚悟がありました。

それは何のためでしょうか。一五節冒頭にあるように「あなたがたの魂のため」、コリントの信徒たちの魂のためでした。彼らの魂の救いのためでした。彼らが真の福音に立ち返るためでした。彼らが、イエス・キリストに対するまっすぐな信仰に生きて、救いを得るためでした。そのためなら、パウロは自己犠牲を厭わないのです。パウロの愛は、何よりもそこに注がれていました。

中傷され、非難されても、彼は、親の子に対する愛を持って、彼らを愛しました。それは何よりも、彼らが、真の救いを得てほしいという強い愛情のゆえでありました。

一八節の最後の言葉に注目して、終わりたいと思います。

「わたしたちは同じ霊に導かれ、同じ模範に倣って歩んだのではなかったのですか」。

「わたしたち」というのは、パウロとテトス、また彼の同労者たちを指しています。彼らは、同じ霊に導かれて、同じ信仰の道を一緒に歩んでいました。新共同訳聖書では、「同じ模範に倣って」と訳されていますが、ここは「同じ足跡を歩く、同じ足取りで歩く」という意味で、同じ信仰の道を一緒に歩むと言う意味です。

同じ霊において、同じ信仰の道を歩む。そのような仲間が、パウロの厳しい歩みの、大きな支えでした。同じ道を歩むことができるのは、同じ霊において歩むからです。霊とは言うまでもなく聖霊です。聖霊のみが、信仰者に一致を与え、信仰者の共なる歩みを支えます。

教会は信仰者の群れですが、本当に、多様な人たちの集まるところです。一人ひとりがこれほど、異なっている社会集団は他にはないと言ってもよいでしょう。その教会の一致は、信仰の一致です。聖霊による一致に他なりません。

そして聖霊による一致とはスローガンではありません。聖霊による一致とは、一人ひとりが聖霊に服従することによって実現する一致です。教会は本来、人が人を服従させることによって一致をはかるところではありません。皆が共に聖霊に服することによって一致が実現するところです。そして、聖霊に服従するとは、自分を捨てて、キリストを主として生きることだと言えます。

パウロの人生は、本当に厳しいものでした。子どものように愛していた教会から、誹謗中傷を浴びせられました。そのパウロにとって、同じ霊、同じ信仰に歩んだ人たちが、いつも支えとなっていたのです。

このことは、私たちも同じです。私たちの歩みを、本当の意味で支えるのは、同じ霊、同じ信仰に歩む者たちとの真実な交わりです。教会に、聖霊による一致、キリストに従う一致がある時、教会は一人ひとりの支えになります。そして教会自身が、キリストを力強く証しするものとなるのです。

一二章一九―二一節

あなたがたを造り上げるため

あなたがたは、わたしたちがあなたがたに対し自己弁護をしているのだと、これまでずっと思ってきたのです。わたしたちは神の御前で、キリストに結ばれて語っています。愛する人たち、すべてはあなたがたを造り上げるためなのです。わたしは心配しています。そちらに行ってみると、あなたがたがわたしの期待していたような人たちではなく、わたしの方もあなたがたの期待どおりの者ではない、ということにならないだろうか。争い、ねたみ、怒り、党派心、そしり、陰口、高慢、騒動などがあるのではないだろうか。再びそちらに行くとき、わたしの神があなたがたの前でわたしに面目を失わせるようなことはなさらないだろうか。以前に罪を犯した多くの人々が、自分たちの行った不潔な行い、みだらな行い、ふしだらな行いを悔い改めずにいるのを、わたしは嘆き悲しむことになるのではないだろうか。

第一〇章以下で、パウロは主として自己推薦・自己弁明の言葉を述べてきました。それは、コリント教会に入り込んでいた、誤った福音を宣べ伝えるパウロの敵対者たちに対抗するためです。そして自己弁明がほぼ終わった段階で、パウロは一つの危険性を取り除こうとしています。それは、コリントの信徒たちが、自分たちのことを、あたかも物事を裁く裁判官の立場に位置づけてしまうという危険性です。

通常、裁判において被告人の自己弁明が行われるのは、裁判官にそれを理解してもらうためです。そして、自己弁明を受け入れてもらうことによって、自己に有利な判決を期待します。どうもコリントの信徒たちには、自分たちをそのような裁判官の位置に置く傾向があったようです。パウロの弁明を聞いて、それを自分たちが判断し、裁くことができるというような姿勢です。

そのことを念頭にパウロは、一九節でこう述べています。

「あなたがたは、わたしたちがあなたがたに対し自己弁護をしているのだと、これまでずっと思ってきたのです」。

コリントの信徒たちは、自分たちを裁判官の立場において、パウロの自己弁護を聞こうとする傾向がありました。しかしパウロは決して、コリントの信徒たちの審判に対して弁明、弁解しているのではありません。パウロはコリントの信徒たちの審判に身を委ねるつもりはありませんでした。彼らにパウロの弁明を判断し、裁く権利があるのではありません。審判者である彼らに対して、パウロは弁明しているのではありません。

パウロを裁くことができるのは、主なる神のみです。パウロ自身、そのことを深く確信していました。パウロは決して、人間の裁き、人の裁きを恐れて、自己弁明してきたのではありません。コリントの信徒たちが、自分を認めてくれることを願って、語ってきたのではありません。コリントの信徒たちが、自分のことを他の教師たち以上の者と認めてくれることに心を費やしたのではありません。

パウロの自己弁明は、そのような、人を恐れ、人の審判を恐れてなされていたのではありませんでした。パウロはそのような誤解を、まず取り除こうとしています。

では彼は、誰を恐れ、誰の審判を恐れていたのでしょうか。一九節には「わたしたちは神の御前で、キリストに結ばれて語っています」とあります。パウロの弁明は、あくまで神の御前でなされたものでした。

パウロの弁明の本質は、「コリントの信徒たち」という人に対してのものではありませんでした。パウロは、自分自身のために、誤解している相手に対して弁明したのではありません。単に、人間と人間との関係の中で、弁明したのではありません。彼はあくまで、神の御前で語りました。確かにコリントの信徒たちに対して語っているのですが、本当は、神に対して語っているのです。

裁き主はコリントの信徒たちではありません。真の裁き主は、主なる神のみですから、パウロはただその神の御前で語りました。つまり、神ご自身に自らを委ねていたのです。

パウロは確かに、至るところで多くの人たちに語り続けました。手紙もたくさん書きました。しかしその場合、聞く相手を無視して語るのではなく、相手のことを十分に理解し、おもんぱかって語りました。人のこと、人間の事情を無視して語ることはありませんでした。しかし彼は単に、人に語っているのではありませんでした。

本当の相手は、人ではなくて、神でした。人に語っている時も、パウロはいつも神の御前に語っていました。パウロは人に語っている時も、神に対して信仰告白をしていたと言えます。神が見ておられ、神が聞いておられるところで、彼は語ったのです。

徹底して神の御前に生きたパウロですから、彼は自分のための弁明は、本来必要ありませんでした。神に召されて生きてきたパウロにとって、人に喜ばれるというのは二の次でした。パウロの関心は「神の御前にどうであるか」というところにあったのであり、彼は常に、神に対する責任を第一に果たそうとしていました。

さらに一九節には「キリストに結ばれて語っています」とあります。新共同訳聖書の「キリストに結ばれて」は意訳で、直訳は「キリストにあって」となります。パウロは、キリストにある者として、キリストの心を持って生きていました。ガラテヤの信徒への手紙でパウロは「生きているのは、もはやわたしではありません。キリストがわたしの内に生きておられるのです」(二・二〇)と語りました。また、この手紙の五章では、「キリストと結ばれる人はだれでも、新しく創造された者」だと語りました。

パウロは、自らが、そのようにキリストと深い関係にあることを自覚していました。キリストを単に心で信じていたというのではありません。キリストと結ばれ、キリストと結合しているのです。キリストと共に十字架につけられ、共に復活したのです。それゆえ、今、自分はキリストの命に生かされています。そのようなキリストとの一体感の中に、彼は生きていました。

ですからそのパウロが、キリスト抜きに、自分のために自己弁明することなど、あり得ません。彼はキリストにあって生き、キリストの僕として神の御前に生きました。そして、神の御前に、責任を持って語りました。それがパウロの自己弁明であったのです。

ではそのパウロが、究極的に願っていたことは何だったのでしょうか。彼の自己弁明、自己弁護の究極の目的は何だったのでしょうか。一九節の後半にこうあります。

「愛する人たち、すべてはあなたがたを造り上げるためなのです」。

これが、パウロの究極の目的でした。コリントの信徒たちを造り上げることです。この「造り上げる」と訳されている言葉は「建築、建てること」また「建築物」という意味です。パウロの願望は唯一つ、信徒たちが霊的に建て上げられることでした。信徒たちの霊的向上でした。それは、信徒たちの群れである教会が、健全に建て上げられていくということでもあります。

パウロはこの手紙の一〇章八節でも「あなたがたを打ち倒すためではなく、造り上げるために主がわたしたちに授けてくださった権威」と言っています。また一三章一〇節でも「壊すためではなく造り上げるために主がお与えくださった権威」と言っています。

パウロは自らに与えられている権威は、造り上げるための権威だと自覚していました。信徒たちを霊的に建て上げる、そして教会を築き上げること、それが主から託されたパウロの職務です。ですから、彼が語った自己弁明も、彼のためではありませんでした。単なる自己弁護に、彼は関心がありません。彼の関心はあくまで、信徒たちの霊的向上にあったのです。

パウロは、これまでも一貫して、コリント教会が主イエス・キリストのからだとして建てられることに命を注いできました。そして彼は、コリントの信徒への手紙一の三章一〇節でこう述べています。

「わたしは、神からいただいた恵みによって、熟練した建築家のように土台を据えました」。

つまりパウロは、自分の使命を、教会の土台を据えることと見ていました。その土台とは、イエス・キリストに他なりません。土台であるイエス・キリストを宣べ伝えるのが、パウロの使命でありました。

そしてその土台の上に建物が建てられます。堅固な建物になるためには、各部がしっかりと組み合わされて、結び合わされることが必要です。つまり教会は、イエス・キリストを土台として、その上に一人ひとりの信徒が、それぞれの部分としてしっかりと組み合わさって建てられていく必要があります。コリントの信徒への手紙一、一二章で、パウロはこう述べました。

「一つの部分が苦しめば、すべての部分が共に苦しみ、一つの部分が尊ばれれば、すべての部分が共に喜ぶのです。あなたがたはキリストの体であり、また、一人一人はその部分です」（一二・二六―二七）。

パウロは、教会が、一つの体として、一つの建物として建て上げられていくことを、切に願っていました。彼は、自らのすべての働きを、そこに向けていました。自己弁護をしているようで、決して自分のためではありませんでした。あくまで、キリストの教会のためでした。教会が建て上げられるためでした。

パウロは一九節のこの部分に、「愛する人たち」という言葉を入れています。パウロを疑い、パウロを苦しめる人たちに対して、パウロは愛の思いで応えています。そして、その愛する人たちが、健やかな教会として建て上げられていくことをひたすらに願っています。そこに、パウロのすべての働きが向けられていました。

キリストのものとされ、神に愛されていることを実感していたパウロは、愛することに生き続けます。それは彼にとって、何よりもイエス・キリストの教会を健やかに建て上げることでありました。

このようにパウロは、コリント教会が、イエス・キリストの教会として建て上げられることをひたすら願っていました。イエス・キリストを頭とする教会としての一致を願っていました。それゆえに、パウロは、第三回目の訪問を前にして、大きな不安を抱えていました。二〇節にはこうあります。「わたしは心配しています。そちらに行ってみると、あなたがたがわたしの期待していたような人たちではなく、わたしの方もあなたがたの期待どおりの者ではない、ということにならないだろうか」。

パウロは、お互いが期待に反して失望することになるのを心配していました。コリントの信徒たちに対して、パウロが心配していたことが二つありました。一つは、二〇節の後半にあるように、教会の一致を破壊する幾種類の罪がはびこっているのでないかということ。もう一つは、二一節にあるように、罪に染まった者たちが悔い改めずにいるのではないかということでした。

パウロはひたすら、教会を造り上げるために心血を注いできました。キリストの体なる教会を建て上げるために、努力してきました。コリント教会に対して、本当に長い間、親身に関わってきました。彼らが正しい信仰に立ち、聖い生活を送り、それによって健やかな教会が築き上げられることに、全力を注いできました。

しかし、今回の訪問の準備をする中で、パウロは心配でならないのです。罪がはびこっていないか、悔い改めないで平気の人たちがいるのではないか、ということです。これらはまさに、教会を蝕み、教会の一致を破壊する罪に他ならないからです。

パウロはできれば、愛と柔和でコリントの信徒たちに接したいと思っていました。しかしもし、パウロが恐れていたような事態があったならば、パウロは容赦なく臨むことになります。使徒としての権威を用いて、むちを振るうことになります。それは、コリントの信徒たちが期待していたパウロの姿ではありません。ですから、二〇節で「わたしの方もあなたがたの期待どおりの者ではない、ということにならないだろうか」と述べているのです。

二〇節の後半に、パウロがコリント教会で出会うことを恐れている八つの罪が記されています。それが「争い、ねたみ、怒り、党派心、そしり、陰口、高慢、騒動」です。これらはいずれも、対人関係にかかわるものであり、教会の一致を危険に晒すものです。

最初の「争いとねたみ」は、他の箇所でも、二つセットでしばしば出てきます。コリントの信徒への手紙一、三章三節にはこうあります。

「お互いの間にねたみや争いが絶えない以上、あなたがたは肉の人であり、ただの人として歩んでいる、ということになりはしませんか」。

お互いの間にねたみや争いがあること、それが肉の人の特徴です。自分たちの肉の思いに従って生きるならば、そこには必ず争いとねたみが伴います。

第三の罪は「怒り」です。激しい憤りや激情を意味します。それは教会の交わりを破壊するものです。

第四の罪は「党派心」です。これは「党派心」と訳すよりも、「利己心、我欲、自己本位」などと訳すのが適当です。自分を誇り、他の人を軽んじようとする利己的傾向です。

第五の「そしり」と第六の「陰口」もセットだと言えます。「そしり」とは、悪口を言うこと、敵意を持ってぺちゃくちゃしゃべることです。「そしり」が人の悪口をしゃべることを意味するのに対して、「陰口」は陰で人の悪口を言うことです。直訳は「ささやく」です。ひそかに、悪口を言いふらしたり、告げ口をすることです。

第七の罪は「高慢」です。膨れ上がることです。

第八の罪が「騒動」です。争いが起きて、不安定、無秩序に陥ることです。コリントの信徒への手紙一、一四章三三節には「神は無秩序の神ではなく、平和の神だからです」とあります。その平和と秩序の神を信じる教会にも、平和と秩序が必要です。しかし、罪の力はそれを破壊するのです。それがこの第八の罪です。

「争い、ねたみ、怒り、党派心、そしり、陰口、高慢、騒動」があれば、キリストの体である教会は、病んでいます。これらが人間関係にかかわる罪であるということは、教会の一人ひとりが問われているということです。

パウロは、こうした罪が、コリント教会に蔓延していることを恐れていたのです。

パウロは、他の諸教会に対して、しばしばコリントの信徒たちを誇りました。このコリントの信徒への手紙二の中でも、パウロが彼らのことを誇りにしていることに、何度か言及されています。ですから、もし、今回パウロがコリントを訪問した際、彼らがキリスト者にふさわしくない生活をして、教会に罪が蔓延していたとすれば、コリント教会を誇ってきたパウロは、その面目を失うことになります。コリント教会の恥は、パウロの恥でした。パウロがどれほど誠実にコリント教会のために尽くしてきたとしても、パウロはその恥を受けないわけにはいきません。その危険性がありました。パウロが心配していたもう一つのことが、二一節の後半に記されています。

「以前に罪を犯した多くの人々が、自分たちの行った不潔な行い、みだらな行い、ふしだらな行いを悔い改めずにいるのを、わたしは嘆き悲しむことになるのではないだろうか」。

コリントの信徒への手紙一に記されているように、かつて、コリント教会には深刻な道徳的腐敗がありました。性的な不品行がありました。売春婦のもとに通うような人たちがいました。

そして彼らは、そうした不品行を、信仰の名の下に正当化していました。すなわち、自分たちはキリストを信じて霊的人間になった。そして真の自由を与えられている。だから、「すべてのことは許されている」と主張していました。この「わたしには、すべてのことが許されている」というのが、彼らのスローガンでした。そのスローガンの下で、すべてのことを正当化していたのです。

彼らは、キリスト者の自由をはき違えていました。自由であるということを、肉の思いのままに生きることを正当化する手段としていました。いわば、教理を悪用していたと言えます。不品行を正当化する、誤った知識がありました。

それに対してパウロは、第一の手紙の中で、その誤りを厳しく指摘しました。キリスト者の体は聖霊が宿る神殿であって、性的不品行とは相容れないことを論証しました。そして、こうした過ちを犯していた者たちに悔い改めを求め、教会には戒規処分を求めたのです。

しかしそれが完全に行われたのか、パウロはなお不安でした。まだ、性的不品行が放置されているのではないか、悔い改めないままの人たちがいるのではないか。そのことをパウロは恐れていたのです。

今日学んだ御言葉は、使徒パウロの基本姿勢が明確に示されている箇所だと言えます。パウロは基本的に、人の前ではなく、神の前に生きた人でした。自己弁明でさえ、本質的には人に対してしていたのではなく、神の御前に語っていました。彼は外面的には、人の前に、人に対して生きていますが、そのすべてが、神の前に生き、神の前に語ることでした。人を恐れて生きるのではなく、真の審判者であられる、神だけを恐れて生きていたのです。

パウロの情熱は常に、キリストの教会が健全に建て上げられることに注がれていました。そのためには、それを妨げる罪と戦わなければなりません。また、悔い改めず、それを正当化する人たちと戦わなければなりませんでした。

誤った知識は、しばしば、罪を正当化するように作用して、教会をかく乱します。教理の悪用ということがなされます。それゆえパウロは、その知識という面でも戦わなければなりませんでした。

私たちも、「キリストにある者」として、パウロと同じ基本姿勢が求められていると言えます。人の前ではなく、神の御前に生きること。キリストの体である教会の一部として、体全体の健やかさのために生きること。そして、正しい聖書知識、教理知識をもって、それに生きることです。

パウロの時代がそうであったように、教会はいつの時代も、多くの問題、困難を抱えています。しかし、それでも人は、教会なくして神の御前に健やかに生きることはできません。教会に生きることと、神の御前に生きることには深いつながりがあります。

さらにパウロがそうであったように、教会に生きることは、困難や心配や悲しみに生きることでもあります。努力しても報われないことが、パウロにも多くありました。恥をこうむることもありました。しかしパウロは、どこまでも教会を諦めませんでした。ひたすらに、教会を造り上げるために労するのです。

私たちにとって、教会とはどういうものでしょうか。私たちが生きているこの現実の中で、教会はどのような位置を持っているのでしょうか。

私たちの人生は、神の御前に生きることであり、神の御前に生きることは、教会に生きることです。それゆえ、私たちもまさしく、キリストの体なる教会を造り上げるために召されています。そして、その労苦を担いつつ生きる者を、主は必ず祝福してくださるのです。

一三章一―四節

神の力によって生きる

わたしがあなたがたのところに行くのは、これで三度目です。すべてのことは、二人ないし三人の証人の口によって確定されるべきです。以前罪を犯した人と、他のすべての人々に、そちらでの二度目の滞在中に前もって言っておいたように、離れている今もあらかじめ言っておきます。今度そちらに行ったら、容赦しません。なぜなら、あなたがたはキリストがわたしによって語っておられる証拠を求めているからです。キリストはあなたがたに対しては弱い方でなく、あなたがたの間で強い方です。キリストは、弱さのゆえに十字架につけられましたが、神の力によって生きておられるのです。わたしたちもキリストに結ばれた者として弱い者ですが、しかし、あなたがたに対しては、神の力によってキリストと共に生きています。

コリントの信徒への手紙二もいよいよ最後の章、第一三章に入ります。一三章一節に「わたしがあなたがたのところに行くのは、これで三度目です」とあります。パウロは今回、何のためにコリントに行くのでしょうか。彼は何をしようと考えているのでしょうか。

それは教会における紛争と混乱に終止符を打つためでした。コリント教会には少なくとも二つの大きな問題がありました。

一つは、パウロとは異なる「違った福音」を宣べ伝えている者たちの問題です。このパウロの敵対者たちは、自分たちのことを誇り、コリントの信徒たちを惑わしていました。パウロの使徒性を否定し、信徒たちをそのように仕向けていました。この彼らと対決することが一つの目的でした。

もう一つの問題は、コリントの信徒への手紙一を書いたときから継続していた問題です。性的な不道徳を行いながら、罪を悔い改めることのない者たちがいたことです。罪を罪と認めず、「キリスト者の自由」の教理を悪用してそれを正当化する者たちがいました。その問題を、解決する必要がありました。

一節の後半でパウロは「すべてのことは、二人ないし三人の証人の口によって確定されるべきです」と記しています。これは、申命記一九章一五節の引用です。なぜパウロがここでこの御言葉を引用しているかについては、大きく二つの解釈があります。

一つは、パウロの今度の訪問が三度目ですので、この同一人物による時をたがえての三度の訪問が、実質的に三人の証人に当たることを示しているとするものです。三度の訪問が、三人の証人と同じであり、それゆえ彼らには弁解の余地がないことを示そうとしているのです。

もう一つは、今度コリントに到着した時には、罪を確定するために律法の規定を適用するつもりであることを示しているとするものです。コリント教会の諸問題を正式な手続きを踏んで解決する覚悟を示しているのです。

この申命記の規定は、同時代のユダヤ教で強調されていたものですし、当時の教会にも取り入れられていたと思われます。いずれにせよパウロは、律法に従って、一切の問題に決着をつけることを願っていました。

とりわけ、性的な不道徳を行いながら罪を悔い改めることのない者たちに対しては、パウロは以前も警告しました。二節には「以前罪を犯した人と、他のすべての人々に、そちらでの二度目の滞在中に前もって言っておいたように、離れている今もあらかじめ言っておきます」とあります。「二度目の滞在中に前もって言っておいた」とあるように、パウロは二度目のコリント訪問時にも警告しました。キリスト者の自由を悪用して、売春婦のもとに通うことを正当化する者たちに警告しました。しかしその時は、警告で引き下がったのです。

しかし今回、この手紙でもう一度警告しています。「離れている今もあらかじめ言っておきます」とはそのことです。コリントに行く前に、もう一度警告するのです。罪を悔い改めて、不道徳から離れるようにとの警告です。この手紙が、二度目の警告になります。

しかし、その二度にわたる警告にもかかわらず、彼らが態度を改めないなら、パウロは、今度は容赦しないと言います。「今度そちらに行ったら、容赦しません」と断言しています。パウロは使徒としての権威によって、彼らを断罪すると言うのです。

二回警告した上で、それでも言うことを聞かなかったら、断罪するというこの仕方は、マタイによる福音書一八章に記されている主イエスの教えに合致しています。兄弟が罪を犯しているのを見たら、まず二人だけのところで忠告し、それで聞かなかったら、他の人を連れて行って警告する。その二度の警告でも聞かなかったら、教会に申し出なさい、と主は言われました。パウロはその主の指示に従って、二度の警告をしました。そしてそれでも聞かなければ、教会的な処分を行うのです。「今度そちらに行ったら、容赦しません」とパウロは言いました。パウロがここで考えているのは、教会からの除名、放逐です。断固として厳しい処置をするのです。

なぜパウロは、そうしようと決心したのでしょうか。教会でのそうした処分を、戒規と言いますが、なぜ教会は時に戒規処分というものをしなければならないのでしょうか。

キリスト教は愛の宗教と言われます。赦しの宗教と言われます。主イエスご自身、弟子たちに対して「兄弟を七の七十倍までも赦しなさい」と言われました。その教えと、教会が戒規をすることとは一致しないのではないでしょうか。

確かに主イエスが言われたように、私たちは、兄弟姉妹を七の七十倍まで、すなわち、無限に赦さなければなりません。赦さずに、心に憎しみを持ち続けてはなりません。ですから、教会での戒規は、決して憎しみからなされるものであってはなりません。もしパウロが、自分が攻撃されたことに怒りを覚え、その怒りと憎しみから戒規をするとしたら、それは誤りです。教会の戒規というのは、人を罰すること自体が目的ではありません。

ではそれでも戒規は必要なのでしょうか。そのまま愛をもって、赦すというのではいけないのでしょうか。では、もし戒規がなかったらどうなるでしょうか。コリント教会には、おぞましい不道徳な生活をしている人たちがいました。彼らがそのまま放置されるとしたら、いったい何が起こるのでしょうか。

まず、教会には罪が蔓延することになります。罪が罪と見做されなくなります。そしてその腐敗は、本人たちに留まらず、他の人たちにも及んでいくことになります。こうして教会全体が腐敗堕落していきます。教会の聖さというものが、完全に失われます。そして、教会によって現されるはずの、キリストの栄光を傷つけることになるのです。

さらに、戒規は本人のためにも必要です。罪を罪として処断されることがなければ、その人は、どこまでも罪の生活を続けることになります。罪を恥じて、我に返り、その行いを改めることがありません。かえって、良心が曇り、より深く罪の中に入り込み、そして永遠の滅びに至ってしまいます。それゆえ、その本人を立ち返らせるためにも、教会戒規が重要なのです。

教会はキリストの体です。イエス・キリストを主と告白する信仰共同体です。そのイエス・キリストを証しする群れとしての聖さと秩序が必要です。ですから教会には、信仰告白と、教会戒規が不可欠です。

パウロは、自分のために戒規を行うと言っているのではありません。自分のためならば、彼は行動しません。しかし、教会のため、また罪を犯している人のため、しいては主イエス・キリストのために、これ以上放置していてはいけないと確信しました。その覚悟をもって、彼は三度目のコリント訪問に向かうのです。

パウロが「もう容赦しない」ことには、もう一つの理由がありました。それは、パウロの使徒性に関することでした。三節にあるように、コリントの信徒たちは、キリストがパウロを通して語っておられる証拠を求めるようになっていました。これは、パウロの敵対者たちが、パウロの使徒性を否定したことによって、惑わされたからだと思われます。「パウロが真の使徒である証拠を見せろ」「パウロがキリストの代弁者である証拠を見せろ」と言うのです。

敵対者たちによって、コリントの信徒たちの一部が、パウロの語ることを聞かなくなっていたことが分かります。聞いてほしいなら「キリストが本当に自分を通して語っている証拠を見せろ」と言っていたのです。

「キリストが自分を通して語っている目に見える証拠」。それを見せることは不可能です。たとえパウロがどんなに博学で、有能であって、そのような深い知識によって語っていたとしても、それが「キリストが自分を通して語っている証拠」にはなりません。

ですから、彼らの求めは不可能なものです。それゆえ真の問題は、そのような要求をするようになってしまった、彼ら自身の内にあります。

かつては、パウロを通して説教を聴き、そしてイエス・キリストを信じる信仰に導かれました。パウロを通して、イエス・キリストが語ってくださることを信じて、聞くことができました。それは何よりも、イエス・キリストに対する信頼のゆえでした。イエス・キリストが、福音を語るために、パウロを立ててくださったと信じていたがゆえです。

しかし「見える証拠」を求めるようになりました。それは単に、パウロに対して不信感を持つようになったというのではなく、実は、キリストに対する信頼も失ってしまったことを意味しています。

私たちにとっても、信仰の目に見える証拠があるわけではありません。聖書が神の言葉である証拠、私たちが永遠の命を得ている証拠、礼拝に神が御臨在なさる証拠、説教を通して神が語られる証拠。

それらについて、目に見える証拠があるかといえば、ありません。

しかし私たちは、御言葉を通してそれを信じ、御言葉に導かれて生きてきました。その中で、確信を与えられたのです。目に見える証拠があったから、信じられたのではありません。信じて従って生きることによって、実感として祝福を得てきたのです。

それが一転して「証拠があるか」などと問い始めるとしたらどうでしょうか。そこではもはや、生けるキリストを見失い、キリストに対する信頼を失っています。もちろん私たちの信仰は、何の根拠もない信仰ではありません。合理的な根拠もそれなりに並べることができるでしょう。しかし最後は、信じなければ分からないものです。信じて、キリストとの生ける関係に入って、初めて分かってくることが多いのです。

信仰生活とは、その意味で、生けるイエス・キリストとの交わりだと言えます。生きた関係だと言えます。見える証拠に信仰が支えられるのではありません。イエス・キリストご自身に支えられて生きるのが、私たちの信仰です。

コリントの信徒たちは、そのキリストを見失ってしまいました。そこでパウロは、彼らを惑わした敵対者たちの問題にも対処します。三節後半に「キリストはあなたがたに対しては弱い方でなく、あなたがたの間で強い方です」とあります。これは、「証拠を見せろ」などと言っているコリントの信徒たちに対する警告の言葉です。キリストは、これまでも信徒たちの間で力強く働いてこられました。それにもかかわらず、「証拠を見せろ」などと言うならば、強い方であるキリストの御手が下されるのです。そのような警告の言葉です。

続いてキリストの弱さと強さに言及しています。四節前半にはこうあります。「キリストは、弱さのゆえに十字架につけられましたが、神の力によって生きておられるのです」。キリストの弱さとは、キリストが私たちと同じ真の人となられたことに伴う弱さを意味しています。キリストは永遠の神の御子、神ご自身であられますが、同時に、私たちと同じ人としての性質を取られました。人となられたことによって、人間として避けることができない弱さを身に受けられました。

キリストは私たちと同じ肉体を取られました。そして、肉体を持っていることに伴う弱さを身に負われました。またキリストは私たちと同じような、人間的な情緒や感情を持たれました。それゆえキリストは、私たちの情緒的な痛みをも理解し、受け止めてくださいます。ヘブライ人への手紙四章にあるように、キリストは罪を除いて、あらゆる点で私たちと同様の試練に遭われたのであり、それゆえ私たちの弱さに同情してくださいます（四・一五）。

神であるならば、本来死はありません。しかしキリストは人となられたがゆえに、死ぬということがあり得ました。人となられたがゆえに、その弱さのゆえに、キリストは十字架につけられて殺されました。

しかしキリストは、弱いだけの方ではあられませんでした。キリストの強さは、彼の復活と昇天、そして今、神の右の座に着いておられる点に現れています。神はキリストを死人の中から復活させ、今もキリストは神の力によって生きておられます。神の右の座にあって、力ある神の子として、王として、世を統治しておられます。

これが、キリストの弱さと強さです。そしてパウロは、キリストにこのような弱さと強さがあったように、その僕である自分にも、弱さと強さがあると言います。四節後半にはこうあります。「わたしたちもキリストに結ばれた者として弱い者ですが、しかし、あなたがたに対しては、神の力によってキリストと共に生きています」。

パウロは、キリストにある者、キリストに結ばれた者という強い自覚を持っていました。そしてキリストに結ばれた者は、そのキリストと同じようになります。キリストの真実が、キリスト者の真実になります。

パウロは、自分の弱さを強く自覚していました。このコリントの信徒への手紙二の中で、パウロは自分の弱さのことを本当にたくさん書き記しています。多くの苦難によって苦しんだことを書きました。教会の心配事で意気消沈したことも書きました。また、肉体に刺がある、病気がある、それが宣教の妨げになっているということも書きました。

彼には本当に弱さがありました。欠けがありました。苦しみがありました。しかしパウロは、それらをまさに、十字架のキリストに結びついているがゆえの弱さであり、苦しみであると理解していました。キリストが弱さを担い、苦しまれた。それゆえ、キリストに結びついている自分も、弱さがあり、苦しみがあるのだと考えていたのです。

同様に、キリストの強さが、パウロの強さの自覚になります。キリストが神の力によって今も生きておられるように、パウロもまた神の力によって生きていると言います。

パウロ自身は、本当に弱い人でした。しかし彼は、ただキリストの力によって強かったのです。四章でパウロは、自分自身を「土の器」にたとえました。自分自身は、弱くみすぼらしい土の器にすぎない。しかしそこに、宝が納められている。それは、神の力の福音であり、イエス・キリストご自身です。それゆえパウロは、「四方から苦しめられても行き詰まらず、途方に暮れても失望せず、虐げられても見捨てられず、打ち倒されても滅ぼされない」と語ることができました。

パウロは弱くても、ただキリストのゆえに強い者でした。それは私たちも同じです。私たちも弱さがあってもよいのです。いやあって当然です。限界があってよい。弱点や欠点があってよいのです。けれども、キリストにある者は、弱いだけの者ではありません。パウロが確信していたように、弱さの中にキリストの力は働きます。そしてキリストの力によって、私たちは弱いだけでなく、強くなることができるのです。

パウロの確信は、キリストにある者は、キリストと同じ姿にされるということでした。キリストに弱さがあったように、私たちも弱いのです。そして、キリストが神の力で生かされているように、私たちもまた神の力によって生きることができるのです。

私たちは、キリストと同じように、弱さの内に生きて、いずれ肉体の死を迎えます。しかし、キリストと同じように、神の力によって復活し、生きるものとなります。

それゆえ、神の力によって生きるとは、復活の力によって生きることです。また、復活の力によって生きることとは、主の再臨の希望に生きることです。

弱さが弱さで終わるのではありません。死が死で終わるのではありません。そうならば、希望はありません。しかし、キリストに結びついている者は、この世にあっても、弱さの内に強く生きることができます。さらに、生涯の終焉を迎えても、死を超えて復活の命に生きることができます。そこにキリスト者の真の希望があるのです。

一三章五―一〇節

自分を吟味しなさい

信仰を持って生きているかどうか自分を反省し、自分を吟味しなさい。あなたがたは自分自身のことが分からないのですか。イエス・キリストがあなたがたの内におられることが。あなたがたが失格者なら別ですが……。わたしたちが失格者でないことを、あなたがたが知るようにと願っています。わたしたちは、あなたがたがどんな悪も行わないようにと、神に祈っています。それはわたしたちが、適格者と見なされたいからではなく、たとえ失格者と見えようとも、あなたがたが善を行うためなのです。わたしたちは、何事も真理に逆らってはできませんが、真理のためならばできます。わたしたちは自分が弱くても、あなたがたが強ければ喜びます。あなたがたが完全な者になることをも、わたしたちは祈っています。遠くにいてこのようなことを書き送るのは、わたしがそちらに行ったとき、壊すためではなく造り上げるために主がお与えくださった権威によって、厳しい態度をとらなくても済むようにするためです。

新共同訳聖書に記されている小見出しのように、一三章から「結びの言葉」に入っています。パウロは三度目のコリント訪問の準備をしていました。その訪問に先立って、この手紙を書いているわけですが、今回の訪問は、これまでの訪問とは違う決意を持って臨もうとしています。

一回目の訪問は、開拓伝道をしてコリント教会を建て上げた訪問でした。二回目の訪問は、コリント教会に存在した諸問題に対処するための訪問でしたが、パウロはある人から酷く攻撃されて、それで引き下がったのでした。強い態度には出ない訪問でした。

そしていよいよ三度目の訪問なのですが、今回パウロは、コリントの信徒たちに厳しく対処することを決意していました。一三章二節には「今度そちらに行ったら、容赦しません」とあります。今回の訪問では、神の律法に従って、厳しい処罰を行うつもりでした。

パウロに敵対していた者たちは、パウロ自身を問題とする傾向がありました。つまり、三節にあるように、彼らは、キリストがパウロを通して語っている証拠をパウロに求めました。パウロが真の使徒である証拠を見せろということです。彼らは、パウロ自身を問題とし、彼を裁く傾向を持っていました。この敵対者たちに惑わされて、コリントの信徒たちも、パウロの問題に目を留めて、彼の使徒性を疑うようになっていたのです。

そうしたコリントの信徒たちを念頭に、パウロは五節で勧告しています。

「信仰を持って生きているかどうか自分を反省し、自分を吟味しなさい」。

人のことをとやかく言うのではなくて、自分自身を反省し、自分を吟味しなさいと命じました。パウロは、彼らが目を向ける方向、目を向けるところが間違っていると言います。彼らは、パウロを批判することでいい気になっていました。パウロを批判することで、自分たちの信仰が確かであるかのように錯覚していました。他の人を批判することで、自分の正しさを証明しているかのように感じていたのです。

しかし、他の人のことばかりを問題とする人は、自分を見つめる目を持っていない人です。パウロは、他者のことではなく、自分を反省し、自分を吟味しなさいと命じました。他の人のことを批判する前に、私たちはまず自分を吟味すべきです。自己吟味を伴わないような気まぐれな批判をしてはなりません。自己吟味が、他者を評価する前提でなければなりません。

ヨハネによる福音書八章に、姦通の現場で捕らえられた女が、主イエスの前に連れてこられた記事があります。律法学者、ファリサイ派は、この女を真ん中に立たせて、主イエスに言いました。「先生、この女は姦通をしているときに捕まりました。こういう女は石で打ち殺せと、モーセは律法の中で命じています。ところで、あなたはどうお考えになりますか」。

彼らの狙いは、主イエスを試し、揚げ足を取ることでした。それに対して主は何と言われたでしょうか。「あなたたちの中で罪を犯したことのない者が、まず、この女に石を投げなさい」と言われました。

律法学者・ファリサイ派は、自分たちを「正しい人」という位置において、この女を「罪人」として糾弾しました。この女が行っていたことが神の前に大罪であることは確かです。しかし主イエスは、この律法学者、ファリサイ派が、自らを正しいという位置において、ただ女を罪人として糾弾しているその立ち位置を問題とされました。この女を糾弾しているあなたがたには罪はないのか。あたかも罪のない者のように振舞っているのは、正しいのか、と言われたのです。

他者だけを問題として、自分を吟味しない姿勢が、まさに彼らの姿勢でありました。主イエスの言われた「あなたたちの中で罪を犯したことのない者が、まず、この女に石を投げなさい」という言葉は、まず自分自身を吟味することを求めた言葉であると言えるでしょう。自己吟味が、他者を批判する不可欠の前提です。

パウロは「自分を反省し、自分を吟味しなさい」と言いました。原文では、「自分自身」という言葉が文頭に来ており、それゆえ「自分を」に強調があります。コリントの信徒たちが吟味しなければならないのは、パウロではなくて自分自身です。そのことが強調されています。

「反省し」と訳されている言葉は、「試みる、試す、検査する」という意味の言葉です。また「吟味しなさい」と訳されている言葉は、「本物かどうか検査する、検証する」とう意味の言葉です。コリントの信徒たちは、自分のことを検査したり、検証したりする姿勢を持つことなく、パウロのことばかりを問題としました。彼は本当に使徒なのか、キリストが彼を通して語っておられるのか、それを議論しました。それに対してパウロは、まず自分自身を検証すること、そして自分自身を吟味しなければならない、と述べています。

では、自分自身の何を検証し、吟味するのでしょうか。パウロはここで「信仰を持って生きているかどうか自分を反省し、自分を吟味しなさい」と命じています。「信仰を持って生きているかどうか」を自己吟味する。しかしこの部分は、直訳ではこうなります。「自分が信仰の中にあるかどうか、自分自身を検査しなさい」。

「信仰を持って生きているかどうか」と聞きますと、自分個人が信仰を持っているか、所有しているかが、問題となっているように聞こえます。しかし、そうではありません。パウロの理解では、信仰というのは、個人があたかも何かの所有物のように持つものでありません。パウロはそういう表現を使っていません。

彼が吟味しなさいといったのは、「自分が信仰の中にあるかどうか」ということでした。自分が信仰を持っているかどうかではなくて、自分が信仰というある大きな広がりを持つ世界に、本当に生きているかどうかを問いなさい、と言っているのです。

信仰とは、個人が自分の所有物のように、心の中に持つものではありません。パウロにとって信仰とは、何よりも生ける神との関係に生きることでした。神に信頼し、服従しつつ生きることでしたから、その信仰の射程は、彼の生きているすべての領域に広がります。神との関係の中で、いつも生きているか。神への信頼と服従に生きているか。そういう信仰の中に生きているかどうかを吟味しなさいとパウロは命じているのです。

その意味でも、信仰は単なる内心の問題に留まるものではありません。単なる心の問題ではありません。生き方の問題です。生活の問題です。神との関係の中で、いつも生きているかが問われているのです。

さらに五節後半には、こうあります。

「あなたがたは自分自身のことが分からないのですか。イエス・キリストがあなたがたの内におられることが。あなたがたが失格者なら別ですが……」。

パウロはここで、キリスト者は何を認識していなければならないかを明らかにしています。キリスト者が自分自身のこととして認識していなければならないのは、「イエス・キリストが自らの内におられる」ことです。一人ひとりの信仰者の内に、イエス・キリストが生きておられることです。イエス・キリストが内住しておられることです。

キリスト者は、自分自身について、その認識を持っていなければなりません。その認識を持っていないならば、失格者だとパウロは言います。キリストがその人の内におられるのでなければ、そしてそれが分かっていないならば、失格者だとパウロは言うのです。

キリスト者とは何か。その根源的な答えは、「イエス・キリストがその人の内に生きている人」だと言えます。パウロはガラテヤの信徒への手紙の中で「生きているのは、もはやわたしではありません。キリストがわたしの内に生きておられるのです」と告白しました。コリントの信徒への手紙一では「あなたがたは、自分が神の神殿であり、神の霊が自分たちの内に住んでいることを知らないのですか」と述べました。

キリストが私のうちに生きておられる、内住しておられる。その認識が、信仰者パウロの出発点であったと言えます。自分はもはやキリストのものとされているのであり、キリストご自身が自分の内に生きておられる。それゆえその自分自身を、キリストのものとして、その生き方を整えていくのです。

その意味でも、キリスト教信仰というのは、いわゆる「信心」とは違います。心の中で所有するというような、小さなものではありません。もっと動的で、広がりのあるものです。内なるキリストと共に生きるという、動的な喜ばしさを持つものです。

パウロはこの五節で、キリスト者が持つべき二重の自己認識を明らかにしていると言えるでしょう。

一つは、自分を反省し、自分を吟味するという側面。つまり、自分の罪を認めること、自分の罪深さを知るということです。罪人としての認識です。

もう一つは、イエス・キリストが自分の内におられることを知ること。主が内住されるというのは、キリストに結ばれて生かされているということですから、キリストによって罪を赦されているということです。罪の赦しという認識です。

この罪人としての認識と、罪の赦しの認識。このいずれを欠いても、信仰は不健全なものになります。罪の認識が浅ければ、それだけキリストによる赦しの理解も浅くなります。となれば、キリストへの信仰もあいまいにならざるを得ません。また逆に、罪の認識はあっても、キリストの赦しの認識があいまいであれば、本当の喜びや感謝は生まれません。となれば、信仰はいきおい律法主義的にならざるを得ないでしょう。

健全な信仰のためには、「自分がどれほど罪深い者であるか」ということと、「その罪がイエス・キリストによって完全に赦され、今、主イエスが自分の内に住んでおられる」という認識が不可欠です。そういう信仰を持っているかを、私たちは吟味する必要があります。他の人のことではなく、自分自身を吟味することが大切です。

罪の認識なき赦しの強調は、無律法主義を生み出します。逆に、赦しのない罪意識は律法主義を生み出します。いずれも不健全な信仰です。明確な罪意識と、赦しの確信こそが、キリスト者が持つべき健全な自己認識なのです。

続く六節でパウロは、「わたしたちが失格者でないことを、あなたがたが知るようにと願っています」と述べています。パウロが真のキリスト者であり、真の使徒であることを、コリントの信徒たちが認めてくれることをパウロは願っていました。

しかし、それはパウロの名誉回復のためではありません。パウロにとって、自分が真の使徒として認められることは、それ自体が目的ではなくて、むしろ手段でした。彼の名誉回復自体は、彼にとってはどうでもよいことです。

パウロがひたすら心配し、心に留めていたのは、コリントの信徒たちのことでした。彼らは、惑わされて、パウロの使徒性を疑うことによって、真の福音から迷い出してしまいました。またパウロの言うことが聞けなくなってしまったことによって、教会内の道徳的な腐敗を放置していました。

パウロとしては、自分のためではなく、コリントの信徒たちのために、パウロが失格者ではないことを知ってほしいと願いました。彼らがパウロの使徒性を認めれば、そこから自分たちの信仰を建て直し、生活を正すことができるからです。

パウロがひたすら、コリントの信徒たちの益だけを考えていたことは、七節と九節に記されているパウロの祈りの内容からも分かります。まず七節にはこうあります。

「わたしたちは、あなたがたがどんな悪も行わないようにと、神に祈っています。それはわたしたちが、適格者と見なされたいからではなく、たとえ失格者と見えようとも、あなたがたが善を行うためなのです」。

「わたしたちは、あなたがたがどんな悪も行わないようにと、神に祈っています」。実は、ここは、解釈・翻訳が分かれる部分です。新共同訳聖書のように、コリントの信徒たちが悪を行わないように、パウロは神に祈っていると解釈することも可能です。けれども、次のように訳す学者もいます。「神が、あなたがたをいかなる悪にも定められませんように、と神に祈っている」。

つまり、神がさまざまな愚かなことをしているコリントの信徒たちを、悪者であるとみなして、裁かれませんようにと祈っているということです。つまり、パウロは彼らのためにとりなしの祈りをしているということです。

どちらの解釈も可能です。いずれにしても、パウロはコリントの信徒たちの真の益のために祈っていたことは確かです。

七節の後半には「それはわたしたちが、適格者と見なされたいからではなく、たとえ失格者と見えようとも、あなたがたが善を行うためなのです」とあります。

パウロは、自分が適格者として認められたい、使徒として認めてほしいから、神に祈ったり、また手紙を書いたりしているのではありません。パウロが願っていたのは、コリントの信徒たちが「善を行うこと」でした。今の悪しき生活を悔い改めて、神に従う生活に立ち返ることでした。

もし、コリントの信徒たちが、悪しき生活を続けるならば、パウロは今度の訪問で、使徒の権威を持って裁きをします。それは、パウロにとっては、自らが使徒であることを示す絶好の機会となるでしょう。強い使徒の姿を明らかにする機会となるでしょう。それは、パウロの使徒性に対する疑いを晴らす、名誉回復の機会となるでしょう。

しかしパウロはそうなることを望まないのです。パウロは、自分が使徒であることそのものの証明よりも、コリントの信徒たちが一刻も早く悔い改めて、真の信仰に立ち返ることを望んでいました。彼らが悪から立ち返り、「善を行う」ようになり、パウロが処罰をしなくてもよくなることを願っていたのです。

パウロにとって、自らの名誉回復はまさに二の次でした。自分についての評価など二の次でした。彼はあくまでも、コリントの信徒たちの益を考えていたのです。

パウロのもう一つの祈りが九節にあります。

「わたしたちは自分が弱くても、あなたがたが強ければ喜びます。あなたがたが完全な者になることをも、わたしたちは祈っています」。

パウロは、コリントの信徒たちが、完全な者となることを祈っていました。ここで「完全な者」と訳されている言葉は、「しかるべき状態に戻ること」「だめになっていたものがきちんとした状態に戻ること」を意味しています。ですので「完全」は少し強すぎる印象です。私たちにとって「完全」な完成は、天の御国しかありません。ここはそのような「完全」のことではなく、道を外れてしまった信仰が回復されること、正しい信仰の道に帰ることを意味しています。そのように、パウロは祈っていました。

そのためにパウロは、自分は弱くてもよいと言います。「自分が弱くても、あなたがたが強ければ喜びます」と言います。コリントの信徒たちが真の信仰によって、強くなるならば、自分は弱くなっても構わないと言います。コリントの信徒たちの霊的益のためならば、自分が悩み苦しんでも、あざけられても、それでも構わないと言うのです。

パウロの喜びは、自分が強くなることではありませんでした。自分が認められ、名誉が回復され、敬われることではありませんでした。教会のすべての人々が、霊的に強くなること、健全になること、それがパウロの願っていたことです。教会の内実が回復し、改善されることを祈っていました。そのためには、自分が弱くても構わない。低くても構わない。それが彼らの強さに寄与するならば、それを喜ぶとパウロは言っているのです。

最後の一〇節に進みます。パウロはここでもう一度、この手紙の目的を記しています。「遠くにいてこのようなことを書き送るのは、わたしがそちらに行ったとき、壊すためではなく造り上げるために主がお与えくださった権威によって、厳しい態度をとらなくても済むようにするためです」。

一〇章から一三章の手紙で、パウロは繰り返して、次の訪問では、自らの権威を厳しく用いると警告しました。しかしパウロが真に願っていたのは、厳しく対処する必要がなくなることでした。事前に書き送っているこの手紙によって、彼らが自発的に悔い改めることでした。自発的にその歩みを正すことでした。そのことによって、訪問した時には、権威を厳しく行使しなくてもよくなること、それがパウロの切なる願いでありました。

パウロは自らに与えられている権威は「壊すためではなく造り上げるため」のものであることを、強く自覚していました。壊すこと自体が、目的になることは決してありません。たとえ、彼が厳しく対処しなければならないとしても、それはあくまで、造り上げるための権威の行使です。

教会での権威というものは、すべて、壊すためではなく、造り上げるためのものです。パウロにとって、コリント教会を壊すのではなく、再建し、再生させることが、真の願いでありました。真の教会を建てること、それがパウロの願いです。

そのために、主イエスは、パウロに権威を与えられました。今の時代は、もはや使徒の権威はありませんけれども、教会には牧師や役員が立てられ、ある権威が与えられています。牧師・役員は、いつも、その権威を与えてくださった方の御心に従って、それを行使しなければなりません。けれども同時に、教会というところは、こうした権威が正しく行使されれば、それで教会は立つのかと言えば、そうではありません。パウロがひたすら願ったのは、一人ひとりが信仰者として立つことでした。ですから彼は、一人ひとりに、自分自身を吟味せよと命じました。一人ひとりが、健全な意味で自己を問い、反省し、吟味し、そして悔い改める。また同時に、キリストが自らの内におられるという確信に生きる。

このような、一人ひとりの信仰の内実があって初めて、キリストの教会は建つのです。罪の認識と赦しの確信です。そこがあいまいでは、健やかな信仰者として生きることはできません。

一人ひとりが、健やかな信仰に生き、同時に、主の権威の秩序によって教会の平和が保たれる時に、教会は健やかな教会として歩むことができます。パウロは、ひたすらに、健やかな教会を建て上げることを願い、労しました。私たちも同じ思いをもって、歩みたいと願います。健やかな教会にこそ、本当の祝福があります。その祝福に私たちは確かに招かれているのです。

一三章一一—一三節

最後の勧告

終わりに、兄弟たち、喜びなさい。完全な者になりなさい。励まし合いなさい。思いを一つにしなさい。平和を保ちなさい。そうすれば、愛と平和の神があなたがたと共にいてくださいます。聖なる口づけによって互いに挨拶を交わしなさい。すべての聖なる者があなたがたによろしくとのことです。

主イエス・キリストの恵み、神の愛、聖霊の交わりが、あなたがた一同と共にあるように。

コリントの信徒への手紙二の最後の部分である一三章一一節から一三節には、この書簡全体の結語として、最後の勧告と祝福が記されています。

一一節には、五つの命令形が並んでいます。「喜びなさい。完全な者になりなさい。励まし合いなさい。思いを一つにしなさい。平和を保ちなさい」の五つです。これらは無関係な勧告ではなく、教会共同体の一致を生み出す要素が並べられていると言えます。

コリント教会には、教理上の問題、また信仰生活上の問題で、教会の一致が損なわれていました。教理上の問題や、生活上の問題を端緒にして、人間関係がこじれ、争いが日常化していました。教会の一致をそこなう害悪が、一二章二〇節に並べられていました。それが「争い、ねたみ、怒り、党派心、そしり、陰口、高慢、騒動」です。こうした害悪が教会に蔓延し、教会の交わりを破壊していました。コリント教会には一致がありませんでした。その現状を踏まえて、パウロは最後に、一致を生み出すための命令、勧告をしています。

確かにコリント教会の問題は、とりわけ深刻かもしれません。しかしだからといって、この勧告が、コリント教会だけに当てはまる特殊な勧告であるということはありません。多かれ少なかれ私たちは、このコリント教会と同じ問題を持っていると言えるでしょう。それゆえ、私たちもこの勧告をしっかりと受け止めることが必要です。

第一の勧告は「喜びなさい」です。パウロは、他の書簡でも「喜びなさい」という勧告をしばしばしました。たとえば、フィリピの信徒への手紙の四章四節では「主において常に喜びなさい。重ねて言います。喜びなさい」と命じています。

パウロが最初の勧告として、「喜びなさい」と命じていることには、やはり意味があるでしょう。なぜなら、「喜び」こそ、キリスト者のしるしであるからです。喜びは、キリスト者のしるしであり、また、キリスト者の交わりのしるしです。

なぜキリスト者には、喜びがあるのでしょうか。「喜びなさい」と命じられていますが、喜べないところで無理に喜ぶことが命じられているのではありません。人は誰も、強いられて喜ぶことはできません。

しかしパウロが「喜びなさい」と命じているということは、私たちキリスト者は、どんな時でも喜べる存在とされているということです。どんな状況の中にあっても、押しつぶされて、消えてしまうとのないような喜びが私たちには与えられています。それが、イエス・キリストの救いによる喜びです。イエス・キリストが与えてくださった救いは、どんな状況の中でも、心の内に「喜びの炎」を灯し続けるものです。それは、人間の最も深刻な問題が解決したところから来る喜びと言えます。一番深いところから生じる喜びです。

厳しい状況に置かれれば、通常、誰も喜べなくなります。それは当然です。しかし、喜びのともし火が消えてしまうことはありません。イエス・キリストが与えてくださった救いの恵みは、どんな状況でも私たちの心に、たとえ小さくても「喜びの炎」をともしてくださる。そこから、希望と力が与えられるのです。

バビロン捕囚から帰還した際、祭司エズラはイスラエルの民に対して「主を喜び祝うことこそ、あなたたちの力の源である」（ネヘミヤ八・一〇）と述べました。主を喜ぶことが、私たちの力の源です。心に喜びが失われれば、生きる力が失われます。しかし、心に喜びが満ちている人は、力を与えられます。

私たちの心に、状況に左右されない喜びの炎があるでしょうか。逆風が吹く時には、その炎が消えないように覆いを作ることが必要です。また炎が大きくなれば、他の人を照らし、励ますことができます。キリストにある喜びが、キリスト者のしるしです。その喜びの炎を輝かせること、それが第一の勧告です。

第二の勧告は「完全な者になりなさい」です。これは、九節でも用いられていた動詞ですが、「完全な者になりなさい」と聞きますと「完璧になりなさい」と言っているように聞こえます。しかしそういう意味ではありません。むしろここは「回復されなさい」という意味です。つまり、「しかるべき状態に戻りなさい」「きちんとした信仰の状態に戻りなさい」という意味です。

回復する必要があるということは、最初は良かったのに、次第に道をはずしてしまったということです。どこかから信仰の歩みが歪んでしまいました。コリントの信徒たちは、パウロの開拓伝道によってキリストを信じたのですが、最初はまっすぐな信徒でした。しかし時間と共に、次第に、いろいろな問題を抱えるようになりました。そして、教会も問題だらけになりました。その現状に対して、パウロは、「回復されなさい」と言っています。道を外してしまった、そのもとの道に戻るようにと言っています。

私たちにもそれぞれ、そういう面があるのではないでしょうか。最初に、イエス・キリストを受け入れ、信じた時、いろいろ難しいことは分からなくても、ただキリストに対するまっすぐな愛と信頼を持っていたはずです。かつては、キリストを愛し、従って行きたいという純粋な思いを持っていた。生涯、ただキリストに従って、自らを捧げて歩みたいとまっすぐに思っていた。

しかし、信仰生活をしていく中で、そうした思いが次第に曇っていくという面がないでしょうか。あの時の、純粋な喜びや感謝が、失われているという面があるのではないでしょうか。回復されなければならない面があるのではないでしょうか。

キリストに対する信仰の純潔を、私たちは失ってはなりません。そこにいつも、戻る必要があります。それが第二の勧告です。

第三の勧告は「励まし合いなさい」です。「励まし合いなさい」と訳されている動詞の本来の意味は「呼びかける」というものです。その受動態の命令形ですから、直訳すれば「呼びかけられなさい」となります。

「呼びかけられなさい」とは、人からの言葉を受けなさいということですから、「勧告を受けなさい」「訓戒を受けなさい」という意味にとられる場合もあります。パウロの勧告を受けなさい、という意味で理解される場合もあります。しかし、パウロの言葉ではなく、教会員が互いに言葉を受けるという意味に解すれば、「慰めを受けなさない」「励まし合いなさい」と訳すこともできます。むしろ、こちらの理解の方が、適切だと思われます。

互いに励まし合い、慰め合う。また勧め合う。それがパウロの命じている勧告です。他の人から、言葉を受けることです。人の言葉を、受け止めることです。人の言葉を受け止めることができるかどうかが、霊的な健やかさの一つのバロメーターと言えます。人の言葉を聞くことができなくなるとき、私たちは健やかさを失っています。

心が頑なになれば、他の人の言葉を受け入れることはできません。他の人の言葉を排除して、自分を守ろうとします。他の人の言葉に耳をふさいで、閉じこもろうとします。私たちが生きていく中で、そうせざるを得ない時もあると思います。そのようにして自分を守らなければ、生きられない時もあると思います。

しかし、それが本来の姿ではないということを、知っている必要があります。「呼びかけられなさい」とあるように、私たちは本来、「呼びかけられるべき」存在なのです。言葉をかけられて、それを受け止め、慰めを受けたり、励ましを受けたり、また勧告を受けたりする。そして自分もまた、「呼びかける存在」になる。それが、私たちの本来のあり方です。

私たちは、他の人格から言葉をかけられて、それによって生きる存在です。ですから、私たちは何より、神の生ける言葉を聞く必要があります。また、他者の言葉を聞く必要があります。人格から語られる言葉を受け止めることが、私たちの霊的健やかさには不可欠です。それが、教会でなされることが大切です。そこに、この勧告のポイントがあると言えます。

第四の勧告は「思いを一つにしなさい」です。直訳すれば「同じことを思いなさい」となります。「同じことを思う」とは、教会では、何か一つの意見に集約して、他の意見を持つことを許さないようにするということではありません。

何において心を一つにするかが大切です。何を思うことで、一致するかです。教会において大切なことは、イエス・キリストを思うことで一つになることです。イエス・キリストの十字架と復活を思うことにおいて一つになる。イエス・キリストを愛し、従うということにおいて一つになるのです。ですから、教会が一つになるのは、何か手段を講じて、小手先のことで実現できることではありません。いわば、福音の本質に集中することで一つになります。本当に一つになるべきところで一つになることができる時、そのときに、教会に集う各人の多様性が健全に生かされることになるでしょう。

本当に一つになるところが、はっきりしていることが大切です。私たちは、イエス・キリストを主として、救い主として、本気で信じ従うことにおいて、一つであることが求められています。他のところを、何とか一致させて、教会の一致を保つのではありません。キリストを思うことにおいて一致するのでなければ、教会に真の一致が生まれることはありません。

第五の勧告は「平和を保ちなさい」です。教会で平和が保たれるためには、一人ひとりが平和に生きていることが必要です。パウロはローマの信徒への手紙の中で「わたしたちは信仰によって義とされたのだから、わたしたちの主イエス・キリストによって神との間に平和を得て」いる、と記しました（五・一）。

罪を赦された者は、神と和解しているのであり、神との間に平和を得ています。その一人ひとりに与えられている平和が、教会の平和の源です。一人ひとりが、神から与えられた平和に生きる時に、教会の平和が実現します。

一人ひとりに神から与えられた平和とは、自らの罪を赦されたことによる平安でもあります。無償で恵みによって赦されたことを本当に知る者は、もはや人を裁く人にはなりません。自分がどれほど赦されたかを本当に知る者は、人を赦さない人にはなりません。ですから、一人ひとりに与えられている平和が、教会の平和を生み出します。

もし私たちの心の内に平和がないならば、その原因を、いつまでも自分の外に求めてはなりません。自分の平和をかき乱している外の問題が解決すれば、それで本当の平和が来るかといえば、そうではありません。本当の平和は、神との和解から来ます。そこが平和の源です。神との関係において、真に平和である人こそが、平和を作る人になります。そのような人になることが、ここで命じられています。

五つの勧告に続いてパウロは「そうすれば、愛と平和の神があなたがたと共にいてくださいます」と述べています。最初に述べましたように、この五つの命令は、教会共同体の一致を生み出すための勧告です。

もし教会に、愛がなく、憎しみや争いばかりだとしたら、神は共にいてくださるでしょうか。神は愛と平和の神です。それゆえ、私たちも、愛と平和に生きなければなりません。それは、私たちが神に愛され、神との平和を得ているからです。私たちは愛され、神と和解している者ですから、教会の一致のために生きる必要があります。そのとき、主なる神は、私たちと共にいてくださるのです。

パウロは続けて、もう一つの命令をしています。それが一二節前半です。

「聖なる口づけによって互いに挨拶を交わしなさい」。

五つの勧告は、教会一致のための勧告ですが、やや抽象的な命令でした。ここは、具体的な命令をしています。

「聖なる口づけ」は、キリスト者の兄弟愛のしるしでした。初代教会においては、兄弟姉妹の交わりのしるしとして、礼拝の中で行われていたとも言われています。具体的に一致の絆を確認するために、行われていたものです。

教会の一致、兄弟姉妹の一致を、抽象的ではなく、具体的に確認する。それが教会にとって大切です。もちろん、それが「口づけ」によって行われていたのは、当時の文化の影響があります。違う文化圏においては、違う仕方が求められるでしょう。

欧米の教会では、兄弟愛のしるしとして、相手の目を見ながら握手をします。教会によっては、礼拝の中でそのような挨拶の時を持つ場合もあります。日本でも、最近、それを取り入れる教会があるようです。それも一つの方法だとは思いますが、私は、兄弟愛のしるしは、挨拶を交わし、安否を問うことでなされるのだと思います。

パウロは「聖なる口づけによって互いに挨拶を交わしなさい」と命じました。これは命令形です。教会の交わりにおいては、具体的に兄弟姉妹としての愛を表すことが必要です。

ですから、この人とは挨拶をしたくない、という人がいてはいけません。深い話し合いや、心を割った話がすべての人とできないのは当然です。そういう関係は、限られた人になるでしょう。しかし、挨拶はすべての人とできる必要があります。


一三節の言葉は、最後の祝福です。後の教会の祝禱の原型となったものです。

「主イエス・キリストの恵み、神の愛、聖霊の交わりが、あなたがた一同と共にあるように」。キリストからの恵みが共にあるように、そして神の愛が共にあるようにと、パウロは祈りまた祝福しています。そして「聖霊の交わり」が共にあるようにと祈っています。

パウロが願っていたのは、コリント教会が「聖霊の交わり」になることでした。この世の交わり、この世の集団とは違う、「聖霊の交わり」になることでした。この世の集団は、基本的に何かを成し遂げるための機能集団です。共通の利益によって結ばれている集団です。しかし教会はそうではありません。機能集団ではありません。共通の益のために、結ばれているものでもありません。では、何なのでしょうか。

パウロは、それを体だと言いました。キリストの体だと言いました。「あなたがたはキリストの体であり、また、一人一人はその部分です」(一コリント一二・二七)。

体のそれぞれの部分が異なるように、私たちも異なるものとして造られました。また、聖霊が与えてくださった賜物もそれぞれに違います。しかし、その異なる者たちが、一つの体として、一つの有機体として結びついています。

キリストの体ですから、私たちを結びつけているのは、イエス・キリストのみです。そして一つ体であるがゆえに、多様性と一致が実現します。そのことが、まさに聖霊の交わりによって可能になります。

教会はこの世にはない集団です。この世にはない存在形式を取っています。その教会が、教会として建つ為には、ここに記されていた五つの勧告、いや六つの勧告を心に刻む必要があります。「兄弟たち、喜びなさい。完全な者になりなさい。励まし合いなさい。思いを一つにしなさい。平和を保ちなさい」。そして、「聖なる口づけによって互いに挨拶を交わしなさい」。

一人ひとりがこの勧告に生きるとき、確かに主は、私たちの群れを通して、ご自身の栄光を現してくださるのです。

あとがき

『コリントの信徒への手紙二講解』の下巻を上梓できますことを、主なる神に感謝いたします。この手紙については緒論上のさまざまな議論がありますが、内容は概ね以下のように区分できます。

一章一―一一節	導入部
一章一二節―二章一三節	自らの行動に関する説明
二章一四節―七章四節	使徒職についての弁明
七章五―一六節	テトスがもたらした朗報
八章一節―九章一五節	エルサレムの信徒たちへの献金の勧め
一〇章一節―一三章一〇節	攻撃に対する反駁・個人的弁明
一三章一一―一三節	結びのあいさつ

上巻では五章までを扱いました。下巻は六章から一三章までとなっています。

上巻を出版した後、幾人かの方から感想をいただきました。「肉声で聞くように読ませていただくことによって、多くの恵みをいただきました」といううれしい感想もいただきました。本書は説教集ですので、やはり声に出して、あるいは声に出すような気持ちで読んでいただくのが一番いいと思います。また、一つずつ読んでいただければ幸いです。

私の説教のスタイルは、とにかく御言葉の論理を丁寧に追いつつ説き明かすことです。御言葉に力があると信じていますから、とにかく御言葉を丁寧に説き明かすことに力を注いでいます。同時に、説教は単なる御言葉の解説ではなく、教会の公同礼拝で、神の民に対して語られるものです。一週間の旅路を終えて、神の言葉を求めて集まっている神の民に対して語られるという意味で、そこには当然、会衆との対話性が求められます。集っている生ける魂に対して語られるのが説教です。

コリントの信徒への手紙二の講解説教をしたのは、かつて牧師をしていた日本キリスト改革派園田教会と、千里山教会所属めぐみキリスト伝道所です。今回の説教集も上巻同様めぐみキリスト伝道所での説教原稿に基づいています。二つの教会に今回も心からの感謝を捧げさせていただきます。

私は、二〇一三年四月から神戸改革派神学校の専任教授として、神学校の責任を担ってきました。しかし、二〇二四年三月末をもって専任教授を辞任し、同年四月から一つの教会の牧師に戻ることになりました。牧会の現場に戻ることには、期待と不安があります。しかし、主により頼んで励んでいきたいと願っています。

今回も教文館の髙木誠一さんに大変お世話になりました。心から感謝いたします。

二〇二三年七月　恩師であるドナルド・マクラウド先生の召天に心を留めつつ

袴田康裕

《著者紹介》
袴田康裕（はかまた・やすひろ）
1962年、浜松市に生まれる。大阪府立大学、神戸改革派神学校、スコットランドのフリー・チャーチ・カレッジなどで学ぶ。日本キリスト改革派園田教会牧師を経て、現在、神戸改革派神学校教授（歴史神学）。
著書　『ウェストミンスター神学者会議とは何か』（神戸改革派神学校、2008年）、『信仰告白と教会』（新教出版社、2012年）、『ウェストミンスター小教理問答講解』（共著、一麦出版社、2012年）、『ウェストミンスター信仰告白と教会形成』（一麦出版社、2013年）、『改革教会の伝道と教会形成』（教文館、2017年）、『教会の一致と聖さ』（いのちのことば社、2019年）、『キリスト者の結婚と自由』（いのちのことば社、2019年）、『聖霊の賜物とイエスの復活』（いのちのことば社、2020年）、『改革教会の伝統と将来』（教文館、2021年）、『ウェストミンスター信仰告白講解　上巻』（一麦出版社、2022年）ほか。
訳書　ウィリアム・ベヴァリッジ『ウェストミンスター神学者会議の歴史』（一麦出版社、2005年）、『ウェストミンスター信仰告白』（共訳、一麦出版社、2009年）、『改革教会信仰告白集――基本信条から現代日本の信仰告白まで』（共編訳、教文館、2014年）、『ウェストミンスター小教理問答』（教文館、2015年）、『ウェストミンスター大教理問答』（教文館、2021年）。

コリントの信徒への手紙二講解〔下〕6-13章

2023年10月10日　初版発行

著　者　袴田康裕
発行者　渡部　満
発行所　株式会社　教文館
〒104-0061 東京都中央区銀座4-5-1　電話 03(3561)5549　FAX 03(5250)5107
URL http://www.kyobunkwan.co.jp/publishing/
印刷所　モリモト印刷株式会社

配給元　日キ販　〒162-0814　東京都新宿区新小川町9-1
電話 03(3260)5670　FAX 03(3260)5637

ISBN978-4-7642-6172-3　Printed in Japan